田中 元

【新版】サービス付き高齢者向け住宅開設・運営ガイド

自由国民社

はじめに

これからの時代に成功するサ高住とは何か

来るべき2025年に向けて、国は地域包括ケアシステムの構築を加速しています。

2025年は、いわゆる団塊世代が全員75歳以上に達する年です。75歳といえば、複数の持病に悩まされる人が一気に増え、中には重い療養が必要になる人も多いでしょう。

そうした重い療養が必要な人でも、在宅医療・介護の充実により、できるだけ住み慣れた地域で過ごせるようにする――これが地域包括ケアシステムの基本的なビジョンです。

そうなった場合、生活の場となる「住まい」のあり方が大きなポイントとなります。

団塊世代といえば、高度成長期に「マイホームをもつ」ことを大きな夢の一つとしてきました。しかし、その念願のマイホームは長い年月とともに老朽化し、特に身体機能の衰えた高齢者にとっては、住みづらさが増してきます。

何より、持病に悩まされ、重い療養も必要になるかもしれないという中では、身近に頼れる人がいるかどうかも、安心できる住まいの大きな条件となってきます。

こうした「住まい」の課題を解決することも、地域包括ケアシステムでは重要な軸となります。つまり、バリアフリー環境が整っているだけでなく、自身の健康をはじめとするさまざまな困りごとに身近で対応してくれる「支援付きの住まい」が求められるわけです。

こうした「高齢期の住まい」の課題に対応するため、平成23年に高齢者の居住の安定確保に関する法律（通称、高齢者住まい法）が改正され、その年の10月よりサービス付き高齢者向け住宅（以下、サ高住）の登録制度がスタートしました。

原則として60歳以上（あるいは、介護保険の要支援・要介護認定を受けている）の人を入居対象に、バリアフリー構造など一定の基準を満たしたうえで、最低限「安否確認と相談援助」のサービスを提供するという住宅です。

この制度改正で誕生したサ高住は、時代のニーズに乗り、市場は急速に拡大しました。平成24年3月段階で約3万戸だった登録戸数は、平成28年4月には20万戸に達しています。わずか4年とちょっとで、7倍近くへと急増したことになります。

国としては、来るべき２０２５年に向けて、このサ高住のさらなる拡充を図ろうとしています。たとえば、政府は「介護離職ゼロ」（家族の介護のよって離職する人をゼロにする）の施策目標を掲げていますが、その中でサ高住の整備目標を上乗せしました。

さらに、地域の実情に合わせたサ高住整備を進めるべく、２０１６年8月に施行された分権一括法に関連して、サ高住の登録基準を市町村が強化・緩和できることとしました。

高齢化が進む地域で、サ高住の整備を加速したい場合の基準緩和も可能になるわけです。

ただし、国の後押しがあるとはいえ、急速な市場の拡大は、時として劣悪な事業者の参入にもつながります。実際、サ高住に入居した要介護の高齢者に対し、自法人の介護サービスを押し売りするといった契約上の問題なども浮上しています。

こうした問題について、業界全体が自浄作用を発揮しなければ、大きな社会問題となりかねません。入居希望者としても、物件を選ぶ目はますます厳しくなるでしょう。そうした中で生き残るうえでも、設置法人が正しいノウハウを身に着けていくことが必要です。

そのノウハウを確立するために必要なことは何でしょうか。

本書は、❶**登録までの手続きノウハウ**にとどまらず、❷**建設からサービス確立までの総合的なマネジメント**に重点を置き、真の意味で❸**地域包括ケアの拠点となれるための道筋**を提示しています。同時に、最新の改正点などにもスポットを当てました。

真の意味で成功するサ高住とは何か――これからサ高住ビジネスに乗り出そうとしている人々の疑問が、少しでも解消される一助になれば幸いです。

２０１６年10月

介護福祉ジャーナリスト　田中　元

［新版］サービス付き高齢者向け住宅開設・運営ガイド●目次

第1章　サービス付き高齢者向け住宅とは何か？

第2章 サ高住の登録手続きと制度面のポイント

第3章　地域密着を図るためのサービスのつくり方

第4章　計画立案から開設までの進め方

第5章　入居者に選ばれる運営の実際

第6章 医療・介護サービスとの連携

巻末資料

巻末資料は最終ページより掲載しています。最終ページから順にご覧ください。

第1章

サービス付き高齢者向け住宅とは何か？

1-1 今、「高齢期の住宅問題」がクローズアップされる背景

平成23年10月に改正**高齢者住まい法**が施行され、サービス付き高齢者向け住宅（以下、サ高住）の登録制度がスタートしました。このサ高住がどのような住宅カテゴリーなのかを知る前に、法改正の背景を押さえておきましょう。

わが国の高齢化率（全人口に占める65歳以上の割合）が近年急上昇しているのは周知の通りです。同時に着目すべきは、①1人暮らし、および高齢者夫婦のみという世帯も増加していること、②75歳以上のいわゆる後期高齢者の割合も伸びており、平成29年には65～74歳の数を逆転することです。ここで何が生じるのでしょうか。

世帯ごとの自己解決力が低下するという懸念

1つは、高齢期における様々な不安（例えば、健康問題や消費トラブルなど）について、身近で相談できる親族などがいないゆえに、世帯ごとの自己解決力が低下するということです。もう1つは、後期高齢者の特徴として、疾患の保有率が高まるということです。つまり、「慢性疾患が急に重篤化する」という不安を多くの人々が抱え込むことになり、そ

高齢者住まい法
急速に少子高齢化が進むわが国において、高齢者が住み慣れた地域で安心して暮らすことができる住まいを確保することを目的に立案された。

■高齢者単身・夫婦世帯がこれから急激に増加

［高齢者単身・夫婦世帯数］

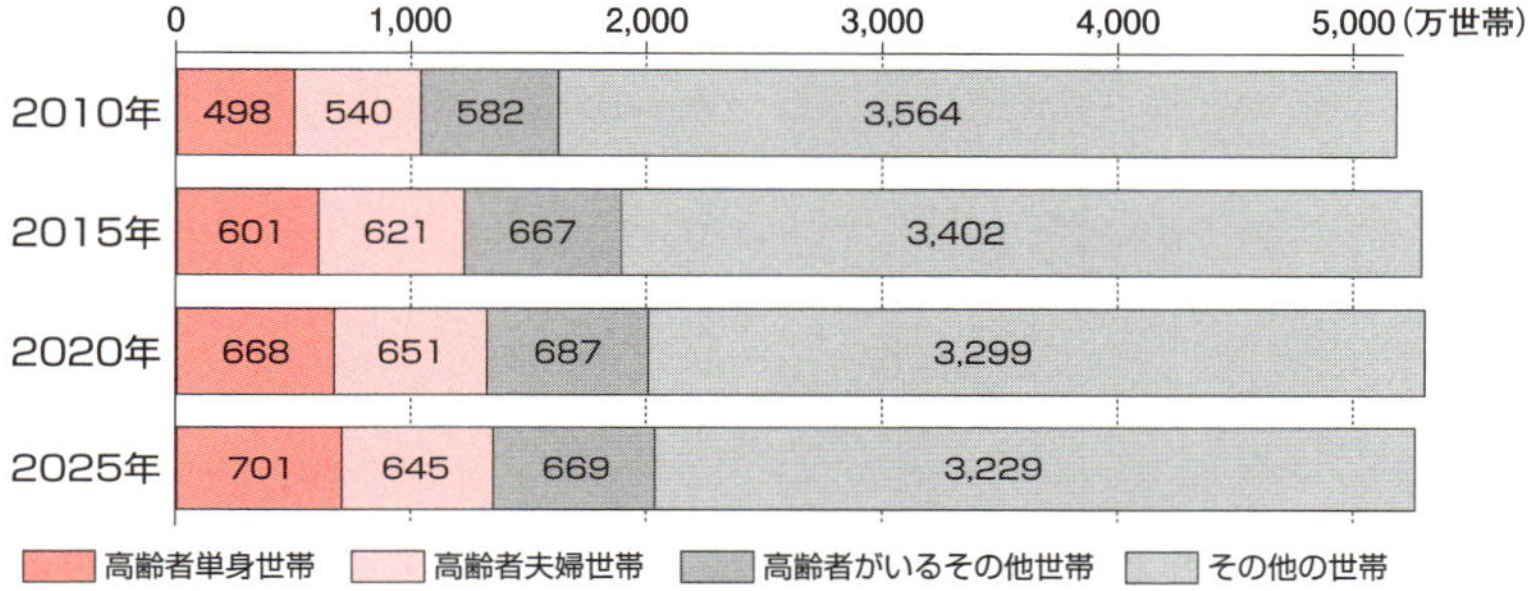

出所：国立社会保障・人口問題研究所『日本の世帯数の将来推計（全国推計）（平成25年1月推計）』
及び総務省「平成17年国勢調査」をもとに国土交通省が作成したグラフを参照

注：2015年、2020年、2025年は予測数値

れが生活上の大きな負担になるわけです。

こうした様々な課題に対し、地域で支えるというビジョンがなかなか立てにくい時代でもあります。都市部では、近隣の人づきあいが希薄となり、一方、地方では過疎化によって「支え手」自体が身近にいない状況も生まれています。

自治体によっては、**地域包括支援センター**の相談窓口（ブランチ）の数を増やしたり、民生委員などの活動機能を高める方策も進めています。しかしながら、そうした施策については、財政状況等によって差が生じることも事実です。

そこで、例えば、集合住宅内に相談窓口の機能を併設したり、多様なサービス機関を設置するというビジョンが求められることになります。

高度成長期の住宅がいっせいに老朽化する時代

さらなる課題として、高齢者向けの住宅確保

地域包括支援センター
地域住民の保健・福祉・医療の向上、虐待防止、介護予防マネジメントなどを総合的に行う機関。平成18年度から設置されている。

自体が難しい時代も訪れようとしています。

わが国では、高度成長期に多くの**大規模集合住宅**（ニュータウンなど）が設立されましたが、それらがいっせいに老朽化する事態が予想されています。

また、入居当時は人口の高齢化があまり問題になっていなかったこともあり、住宅自体がバリアフリー化されていなかったり、大規模集合住宅の中にエレベーターが未設置であるというケースも見られます。つまり、所得が限られて、住み替えがなかなかできない世帯については、年齢を経るごとに「住みづらさ」が増していくことになるわけです。

高齢によって身体機能が低下したとき、「介護保険施設や有料老人ホームに入る」という選択肢は考えられます。しかしながら、要介護者が対象となる特別養護老人ホームは、重度者への特化や職員の人手不足で入居の間口が狭くなっています。

一方、有料老人ホームは、一時期に比べて入居費用が抑えられる傾向にあるものの、低所得者にとってはまだまだ「高嶺の花」の状態が続きます。

こうした「高齢期の住まい」についての課題をふまえ、平成13年に「高齢者の居住の安定確保に関する法律」（高齢者住まい法）が制定され、幾度かの改正がなされてきました。平成18年度の改正では、高齢者による賃貸住宅ニーズの高まりを見すえて、高齢者専用賃貸住宅の登録制度なども設けられました。しかしながら、複雑化する賃貸住宅のカテゴリーを整理し、さらにニーズに適合させる改正が求められることになりました。

大規模集合住宅
法令では特に定義されてはいないが、一般に300程度の戸数を超える集合住宅。高度成長期に建設されたものについては、建て替えが進んでいる。

■高齢者の事故は、「住宅内」の「居室」が多い

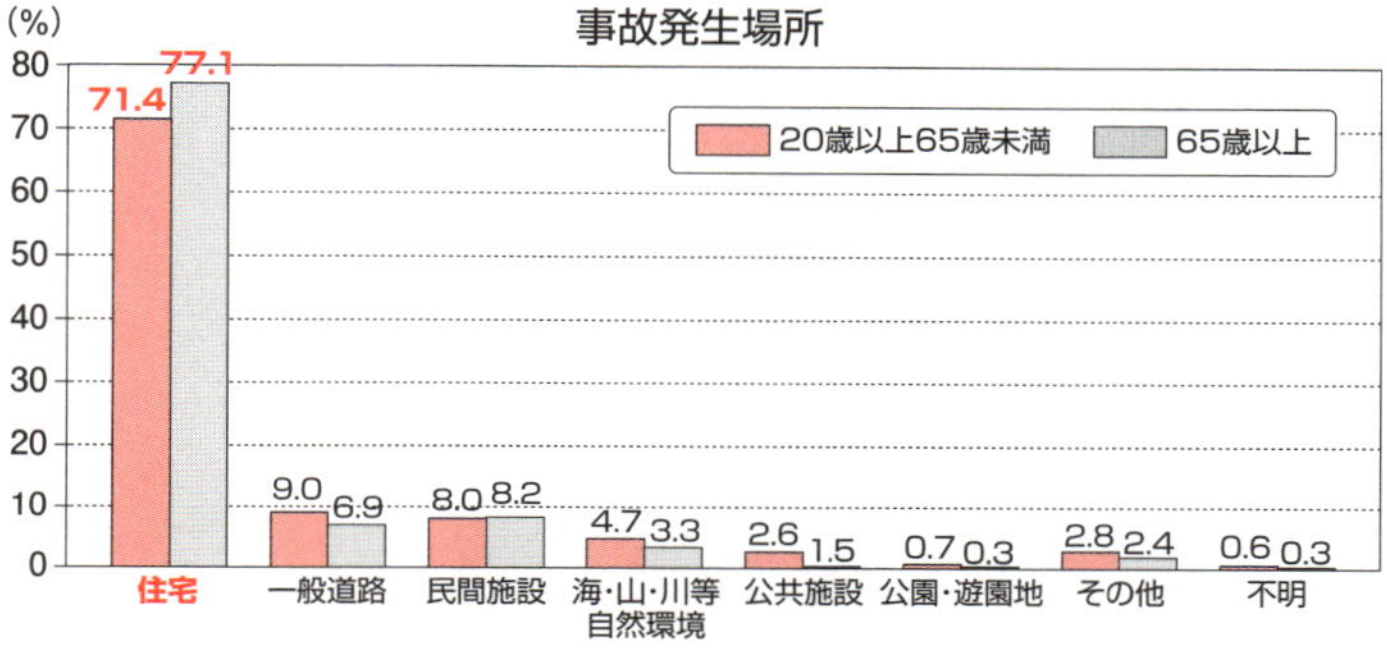

住宅内の事故が多いのは、若年層も高齢層も同じであるが、高齢期になると特に「居室内の事故」の比率が高まる。つまり、最も平穏であるはずの環境にいるときの事故が目立っている。状況としては、「居室内を歩いていてつまずく」というケースが多い。バリアフリーの重要性を実感させるデータといえる

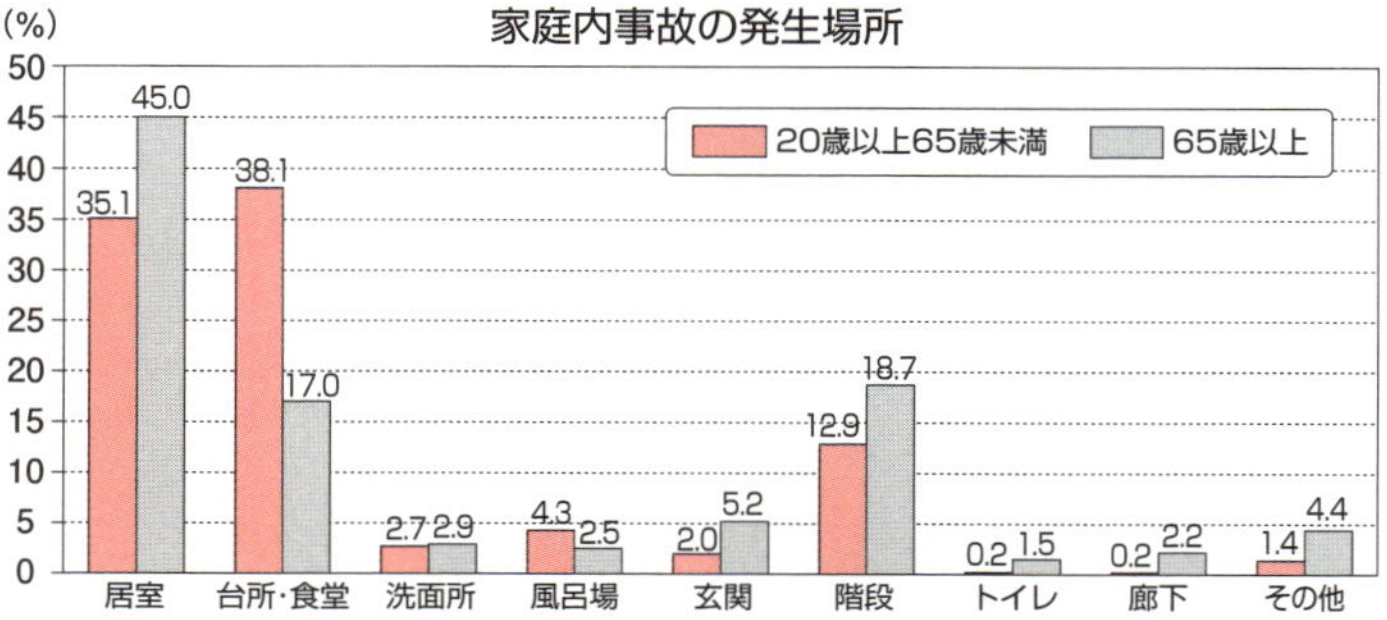

出所：平成28年度高齢社会白書

POINT

- **高齢期の不安解消のために、住居の身近で相談援助を行えることが必要**
- **高額所得者でなくても、「住み替え」が容易な賃貸住宅のカテゴリー整備を**

1-2 改正「高齢者住まい法」施行から5年 制度のポイントとその後の変更点

改正された「高齢者住まい法」は、平成23年10月より施行されています。すでに5年が経過していますが、改めてこの改正法のポイントを整理してみましょう。

まずは、それまでの高齢者向け賃貸住宅のカテゴリー（①高齢者円滑入居賃貸住宅の登録制、②高齢者専用賃貸住宅の登録制、③**高齢者向け優良賃貸住宅**の認定）を整理し、「サービス付き高齢者向け住宅の登録制」へと一本化しました。

このサービス付き高齢者向け住宅（以下、サ高住）は、原則25平方メートル以上の床面積を確保することや、段差解消や手すり設置などのバリアフリーを完備し、それらの基準を満たしたうえで自治体に登録するというしくみです。

サ高住は、入居者への安否確認と生活相談が必須に

入居要件は、①60歳以上の者、または②要介護・要支援認定を受けている**60歳未満の者**、③①②の要件を満たす者の配偶者となっています（それ以外の親族が同居する場合には、

高齢者向け優良賃貸住宅
地方公共団体による高齢者向けの優良な賃貸住宅の供給についての、しくみとして存続させている。

60歳未満の者
地域再生法で認定された市町村が「生涯活躍のまち形成事業計画」によって別に要件を定めた場合には、60歳未満でも入居者対象を広げることが可能。

その者も①②を満たすことが必要になります)。

さらに大きな特徴としては、「サービス付き」のサービス内容で、必須になっているものがある点です。具体的には、入居者への安否確認と生活相談のサービス提供が義務づけられています。ごく身近に相談できる機能があることで、これからの高齢者世帯にとって必要な安心を確保したわけです。

また、この時の改正では、管轄行政の見直しも行われました。それまでは、住宅施策というと基本的に国土交通省の管轄でしたが、これが厚生労働省との共管となりました。「高齢者向けの住まい」にかかるニーズには、医療や介護などへのニーズがかかわりやすくなっています。その点を考えたとき、厚生労働省の施策との連携が必要になったわけです。

その他、登録されるサ高住は、21ページに示したしくみに則って運営されます。ここに加えておきたいのは、「終身賃貸制」(本人の死亡時まで賃貸契約が継続するしくみ)に関してです。この終身賃貸を行なう場合には、

■改正高齢者住まい法施行から5年。変わった主な点は?

変更前	変更後
入居者への必須サービスである「安否確認」(状況把握)について特に定めはなし	毎日1回以上、居住部分への訪問もしくはその他の適切な方法により安否確認を実施
安否確認等を行なうスタッフの常駐する場所は敷地内か隣地に限る	スタッフは、住宅から歩行距離でおおむね500m以内の近接地に常駐することも可能に
都道府県は高齢者居住安定確保計画によって、緩和・強化した独自の登録基準設定が可能	都道府県だけでなく市町村も高齢者居住安定確保計画による独自基準の設定が可能に

都道府県の認可が必要ですが、改正法ではその手続きが緩和されています。詳細については、第2章の5（66ページ）を参照してください。

改正法施行から5年。さらに変わった点はどこに？

さて、サ高住の登録制がスタートして5年が経過したわけですが、その間にいくつかの細かい変更も加わっています。その概要を2つ列挙してみましょう。

まず、平成27年4月1日に法律施行規則の一部を改正する省令が施行されました。これは、必須サービスとなっている安否確認（状況把握）に関するものです。具体的には以下の2点です。①それまで具体的な規定がなかった安否確認について、毎日1回以上**適切な方法**によって行なうことが定められたこと。②サービス提供者の常駐場所が、歩行距離でおおむね500メートル以内の近接地でもOKになったという点です。

もう1つは、平成28年8月20日に分権一括法にともなって、やはり法律施行規則の一部の改正省令が施行されたことです。それまで地域独自のサ高住登録基準などを設ける場合に、都道府県の**高齢者居住安定確保計画**で定めることが必要でした。この計画が市町村でも設けることが可能になり、たとえば「居室面積25平方メートル」という基準について、市町村が安定確保計画に基づいて独自の定めを行なえることになったわけです。

適切な方法
居住部分への訪問のほか、電話や居住部分内での入居者の動体を把握できる装置（センサーなど）による確認、食事サービス等を提供する際の確認なども含む。

高齢者居住安定確保計画
地域における高齢者の居住の安定を確保するために都道府県がたてる計画。分権一括法により、市町村もたてることが可能となり、サ高住の規模や構造、設備などについて緩和・強化した独自の基準を定めることができる。

■サービス付き高齢者向け住宅の概要

●登録基準（有料老人ホームも登録可）

ハード	・床面積は原則25㎡以上 ・構造・設備が一定の基準を満たすこと ・バリアフリー（廊下幅、段差解消、手すり設置）
サービス	・サービスを提供すること （少なくとも安否確認・生活相談サービスを提供） サービスの例：食事の提供、清掃・洗濯等の家事援助など
契約内容	・長期入院を理由に事業者から一方的に解約できないこととしているなど、居住の安定が図られた契約であること ・敷金、家賃、サービス対価以外の金銭を徴収しないこと ・前払い金に関して入居者保護が図られていること （初期償却の制限、工事完了前の受領禁止、保全措置・返還ルールの明示の義務づけ）

●登録事業者の義務

・契約締結前に、サービス内容や費用について書面を交付して説明すること
・登録事項の情報開示
・誤解を招くような広告の禁止
・契約に従ってサービスを提供すること

●行政による指導監督

・報告徴収、事務所や登録住宅への立入検査
・業務に関する是正提示
・指示違反、登録基準不適合の場合の登録取り消し

●入居要件

・60歳以上の者
・要介護・要支援認定を受けている60歳未満の者

同居が可能な者

・配偶者
・60歳以上の親族
・要介護・要支援認定を受けている60歳未満の親族
・介護等特別な事情により入居者と同居させることが必要であると都道府県知事が認める者

出所：厚労省「高齢者住まい法の改正案について」説明資料

POINT

●３つの高齢者向け賃貸住宅のカテゴリーを一本化し、わかりやすいしくみに

●登録制スタートから5年が経過する中、安否確認の内容の厳格などの改正も

1-3 サービス付き高齢者向け住宅の「ハード面」のポイント

平成23年10月からスタートした「サービス付き高齢者向け住宅」について、さらに掘り下げましょう。端的にいえば、文字通り「サービス」の付いた高齢者向け住宅であり、国が定める要件に合致した場合に、都道府県に登録できるというしくみです。

居室面積は原則25平方メートル以上。ただし例外もあり

ハード面では、まず各利用者が専用で使う居室の床面積が、原則「25平方メートル以上」と設定されています。そして、この専用居室には、それぞれ「台所」「水洗トイレ」「収納設備」「洗面設備」「浴室」を備えることが必要です。

ただし、建物内に入居者の**共有スペース**を設けた住宅においては、例外があります。まず、右記のうち、台所、収納設備、浴室は共有スペースに設けることができます（逆にいえば、水洗トイレと洗面設備については、必ず各居室に設けなければなりません）。

その際には、共有スペースに台所、浴室などを設けることで、各居室内に設けた場合と同等、もしくはそれ以上の居住環境が確保できることが必要です。

共有スペース
サ高住における共有スペースの充実は、食事や入浴といった生活機能の充足だけでなく、入居者同士、あるいは入居者と地域の交流を進めるという目的もある。

■居室面積の要件について

「18㎡以上、25㎡未満」とできる場合

高齢者が共用する設備（居間、食堂、台所等）	「共同利用」のために十分な面積を保持
共用利用部分の面積の合計を「A」とした場合	「A」>(「25㎡」−「各居室面積」)×「居室数」
共用部分に、適切な台所、収納設備、浴室を備えた場合	各戸には、水洗トイレと洗面設備を備えていれば可となることも

　一方で、入居する高齢者が共同して利用するために十分なスペースが確保されている場合は、各居室面積の条件も「18平方メートル以上」まで緩和されます。

　ただし、都道府県や市町村が「高齢者居住安定確保計画」を策定している場合には、その計画において、告示で定める基準に従って登録基準の強化または緩和を行うことができます。つまり、先に述べた床面積基準においても、都道府県や市町村ごとに独自の規模を定めることが可能になっているわけです。

　ちなみに、平成27年7月時点で、18の都道府県が独自の基準を設定しています。たとえば、東京都や埼玉県では、「既存の建物を改修して整備する場合に限って、床面積を20平方メートル以上とする」という緩和を行っています。また、愛媛県では、「共用の台所」について「他の共用設備と区分されたスペース」を求めると

高齢者居住安定確保計画
平成28年8月より、都道府県だけでなく市町村も高齢者居住安定確保計画を策定することが可能になった。登録前に、地元の計画にしっかり目を通しておくことが求められる。

いった基準の強化をうたっています。

床段差以外にも様々なバリアフリー基準が

もう１つ、ハード面の要件として掲げられているのが、バリアフリーです。

バリアフリーというと、「床段差がない」ことはすぐ頭に浮かびますが、それ以外にも、車いす使用などを想定して、廊下幅や入口の幅、階段、浴室、トイレ等への手すりの設置なども義務づけられます。３階以上の住宅の場合は、エレベーターの設置も必要です。

具体的な内容については、左ページ表に示した通りです。特に階段の寸法については、細かい規格が定められているので、こうした高齢者向け住宅を手がけた経験のある設計業者との連携をとることが求められるでしょう。

なお、既存建物を改修してサービス付き高齢者向け住宅として登録する場合、例えば、廊下幅などを基準通りに設定することが難しいケースもあります。そこで、国土交通省・厚生労働省が掲げる「**準ずるバリアフリー基準告示**」（平成23年告示第2号）に合致していれば、廊下幅、出入口幅、浴室の規格、エレベーターの設置については、**バリアフリー基準**からは除外されます。

サービス付き高齢者向け住宅は、建物ごとの登録となるので、ここまでの基準についても、建物ごとにクリアしていなければならない点も注意しましょう。

準ずるバリアフリー基準告示
巻末資料参照。

バリアフリー基準
都道府県ごとの基準が定められているケースがあるので、それらを登録申請の前にしっかり確認しておくことが必要。

■バリアフリーの基準

加齢対応構造等（バリアフリー）の基準	(1)床	段差なし（玄関出入口など例外あり）
	(2)廊下幅	78cm(柱の存ずる部分は75cm)以上
	(3)出入口の幅	居室:75cm以上　浴室:60cm以上
	(4)浴室の規格	短辺120cm、面積1.8㎡以上（一戸建ての場合、短辺130cm、面積2㎡以上）
	(5)住戸内の階段の寸法	$T \geqq 19.5$　$R / T \leqq 22 / 21$ $55 \leqq T + 2R \leqq 65$ T:踏面の寸法(cm)、R:けあげの寸法(cm)
	(6)主たる共用の階段の寸法	$T \geqq 24$　$55 \leqq T + 2R \leqq 65$
	(7)手すり	便所、浴室および住戸内の階段に手すりを設置
	(8)エレベーター	3階建以上の共同住宅は、建物出入口のある階に停止するエレベーターを設置
	(9)その他	高齢者の居住の安全確保に関する法律施行規則第34条第１項第９号の国土交通大臣の定める基準（最終改正平成23年国土交通省告示第1016号）を満足する必要がある
	上の基準をそのまま適用することが適当でないと認められる既存建物の改良等の場合	上の(1)(5)(6)(7)を満たすこと
		国土交通省・厚生労働省関係高齢者の居住の安全確保に関する法律施行規則第10条第５号の国土交通大臣及び厚生労働大臣の定める基準（平成23年国土交通省・厚生労働省告示第２号）を満足する必要がある

POINT

- **共有スペースの設備によって、居室面積の基準が緩和されることも**
- **車いすでの生活も想定して、廊下幅や出入口幅もバリアフリー基準に**

1-4 サービス付き高齢者向け住宅の「サービス面」のポイント

サ高住では、その名の通り、「サービス」の提供が登録基準の1つとなっています。具体的には、毎日1回以上の安否確認（入居者の状況把握）サービスと相談援助サービスを「少なくとも」提供しなければなりません。

注意したいのは、担当者が**常駐**しながらのサービス提供が義務づけられている点です。常駐する時間帯は、「おおむね」でありますが「9時から17時まで」とされ、その時間帯について必ず1人以上の担当者を配置しなければなりません。

定められた時間帯以外、つまり夜間においては、各住居部分に設置する**通報装置**等にてサービスを提供することが必要です。

どのようなスキルをもって安否確認・相談援助を行うか？

高齢者が生活上に抱えがちな課題は、特に「相談したい」という意思が表に現れている状況では、極めて込み入っているケースがあります。つまり、どのようなスキルをもって安否確認や相談援助を行うことができるかが、重要になってきます。

常駐
敷地、隣地での常駐が基本だが、平成27年の共同省令改正により、「近接地（高齢者の徒歩での移動を考慮しておおむね500メートル以内）での常駐」も可能に。

通報装置
「通報装置でのサービス提供」が示されている点を考慮した場合、原則として対話が可能な装置が求められる。

■状況把握（安否確認）サービスおよび相談援助サービスに提供について

以下の人員を、最低1人以上配置することが必要

条件		配置する人員
登録事業者が ・医療法人 ・社会福祉法人 ・居宅介護サービス事業の指定を受けている	→	各サービスに従事している者（ただし、その事業所の本体サービスの人員基準を満たすうえで、必要な人員を除く）
上記以外の場合	→	・医師、看護師 ・介護福祉士 ・社会福祉士 ・ケアマネジャー ・介護職員初任者研修修了者

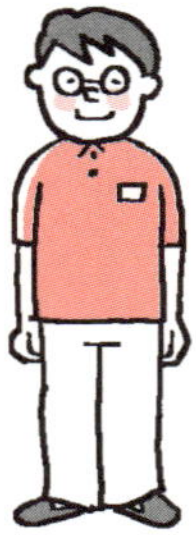

国が示す基準では、相談援助等を行う人員について2つのパターンで基準を定めています。1つは、サ高住を運営する事業主体が、医療法人、社会福祉法人あるいは介護保険法における指定居宅サービス事業者である場合。もう1つは、それ以外のケースです。

前者については、「その事業主体が運営するサービス」に従事する者です。例えば、医療法人の運営する診療所が主体であれば、そこに従事する看護師などです。デイサービスなどを運営する**事業者が主体**であれば、そこに勤務する介護職や相談員となります。

ただし、その担当者が本体のサービス事業に従事しなければならない時間帯に、サ高住の方の安否確認を同時に行うことはできません。

後者については、一定の有資格者であることが必要です。具体的には、医師、看護師、介護福祉士、社会福祉士、ケアマネジャー、さらに

事業者が主体
事業者の各事業の人員配置基準に定められた時間帯において、サ高住のサービス提供に従事することはできない点に留意したい。

介護職員初任者研修の修了者です。

これらの専門職の採用が計画的に行えるかどうかは、大きなポイントです。例えば、専門職が1人だけという場合、その人が産休等をとったりして、継続的な人員補充ができなければ、登録基準を満たせない状況が生まれてしまいます。

有料老人ホームの届け出が免除されるためのプラスαサービス

国が掲げる登録基準においては、安否確認と相談援助を「提供サービスの最低基準」としています。一方で、プラスαのサービスとして、「食事の提供」や「洗濯、掃除等の家事援助」「看護師や保健師等による健康管理」なども想定されています。つまり、今後都道府県の独自の基準で、サービス内容がプラスされる可能性もあるわけです。

注目したいのは、プラスαのサービスを提供することによって、**有料老人ホーム**との関係が浮上してくる点です。老人福祉法においては、①入浴・排せつ・食事等の介助、②食事の提供、③調理・洗濯・掃除等の家事、④心身の健康の維持・増進にかかるサービスのいずれかを提供している場合、有料老人ホームの届け出が義務づけられています。

これに対し、サ高住で右記の4つのサービスのいずれかを提供していれば、サ高住の登録を行った段階で、すでに有料老人ホームの届け出を行っているとみなされることになりました。つまり、届け出義務が免除されることになったわけです。

有料老人ホーム

有料老人ホームには、入居時に要介護でない人を対象とした「住宅型」のほか、介護保険の特定施設として要介護者等の入居を想定した「介護型」などがある。

■サ高住と有料老人ホームの関係

サービス付き高齢者向け住宅の登録を受けている有料老人ホームの設置者については、老人福祉法における以下の規定は適用しない

- **有料老人ホームを設置しようとする場合の事業内容の届出**（老人福祉法第29条第1項）
- **有料老人ホームの届出内容の変更、事業の廃止・休止の届出**（同条第2項・第3項）

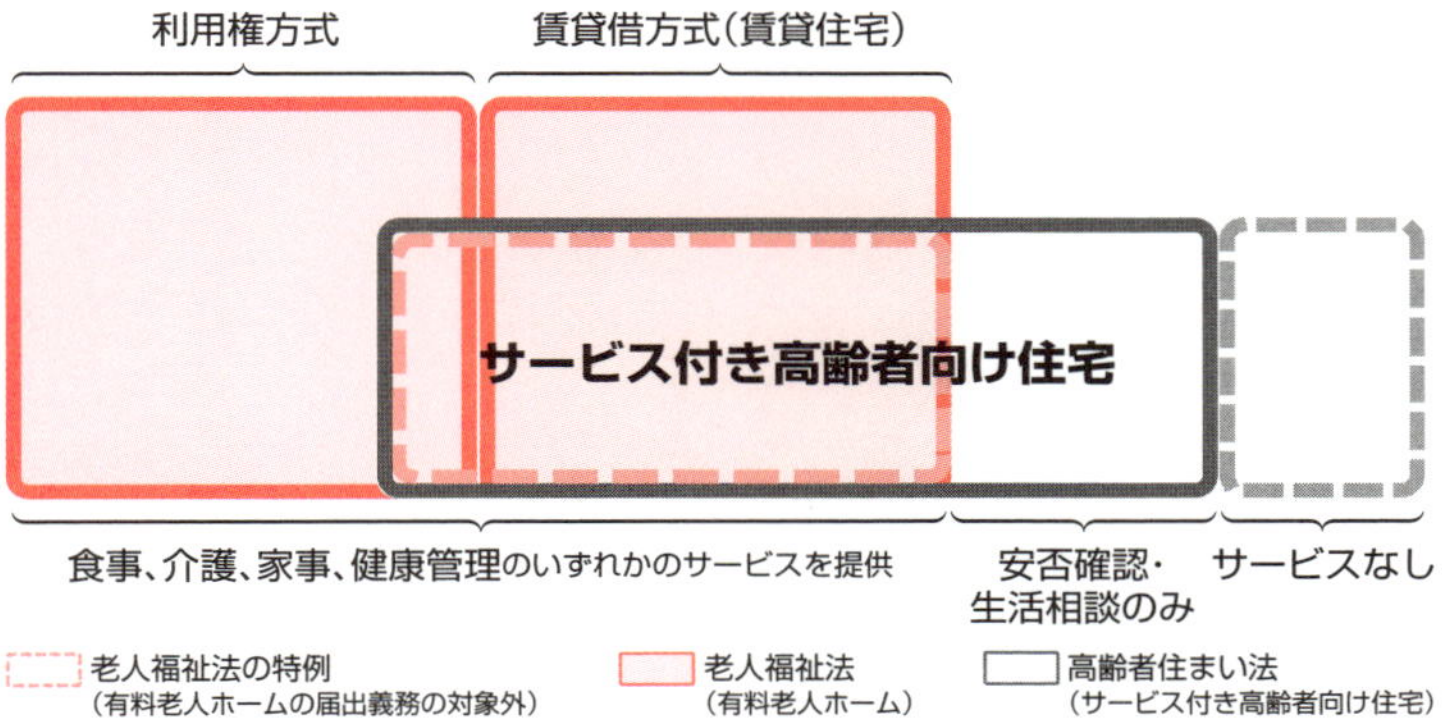

なお、以下についても適用あり

有料老人ホームに該当するサ高住（有料老人ホームの届け出は必要なし）→ 介護保険における、「特定施設」の指定（特定施設入居者生活介護）を取ることができる

サ高住のうち
①利用権方式の契約
②「特定施設」の指定を受けた場合
→ 住所地特例(※)が適用される

※住所地特例：入居者が、「住所地を変更する前」の市町村の介護保険被保険者となること
（例：サ高住入居前はA市の住民、入居後はB市の住民となった場合、A市の被保険者資格を有する）

POINT

- **安否確認・相談援助を行うために必要な「資格」を確認しておこう**
- **食事の提供等を行った場合、老人福祉法の有料老人ホームにも該当する**

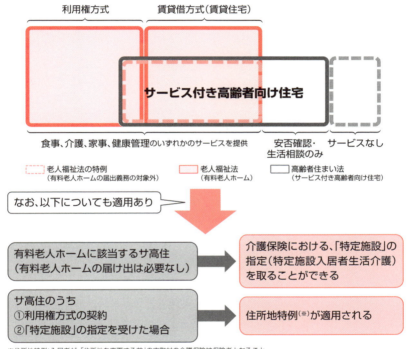

1-5 サービス付き高齢者向け住宅の「契約関連」などのポイント

サ高住の場合、入居対象者である高齢者の中には、収入が年金のみという人も多数想定されます。いったん契約した後に、事前説明などと異なるような不利益を被ることになった場合、入居者が極めて弱い立場に立たされる可能性があるわけです。

そこで、入居契約に関しても、厳しい登録基準が定められています。サ高住の場合、賃貸借方式のほか、有料老人ホームなどにみられる利用権（その住宅を利用する権利。相続、譲渡、売却はできない）方式の契約がありますが、いずれも同じ基準が適用されます。

契約締結の基準をまず確認

登録基準にある「書面による契約締結」や「その書面において、入居者の専用部分が明示されていること」などは、契約者保護の観点から最低限求められる事項です。誇大広告により、実際の契約内容との間にズレが生じることも、当然認められません。

そのうえで、このサ高住で特に配慮すべきは、高齢者の居住安定にかかる契約内容になっているかという点です。かつて、有料老人ホームにおける契約トラブルで多かったケー

礼金を含む権利金
地域的慣行として、賃貸借契約を結ぶ際に家主に「御礼」として支払うもの。敷金や前払い家賃などとは違い、契約解除時の返還債務などは発生しない。

■サ高住における「契約書」のスタイル

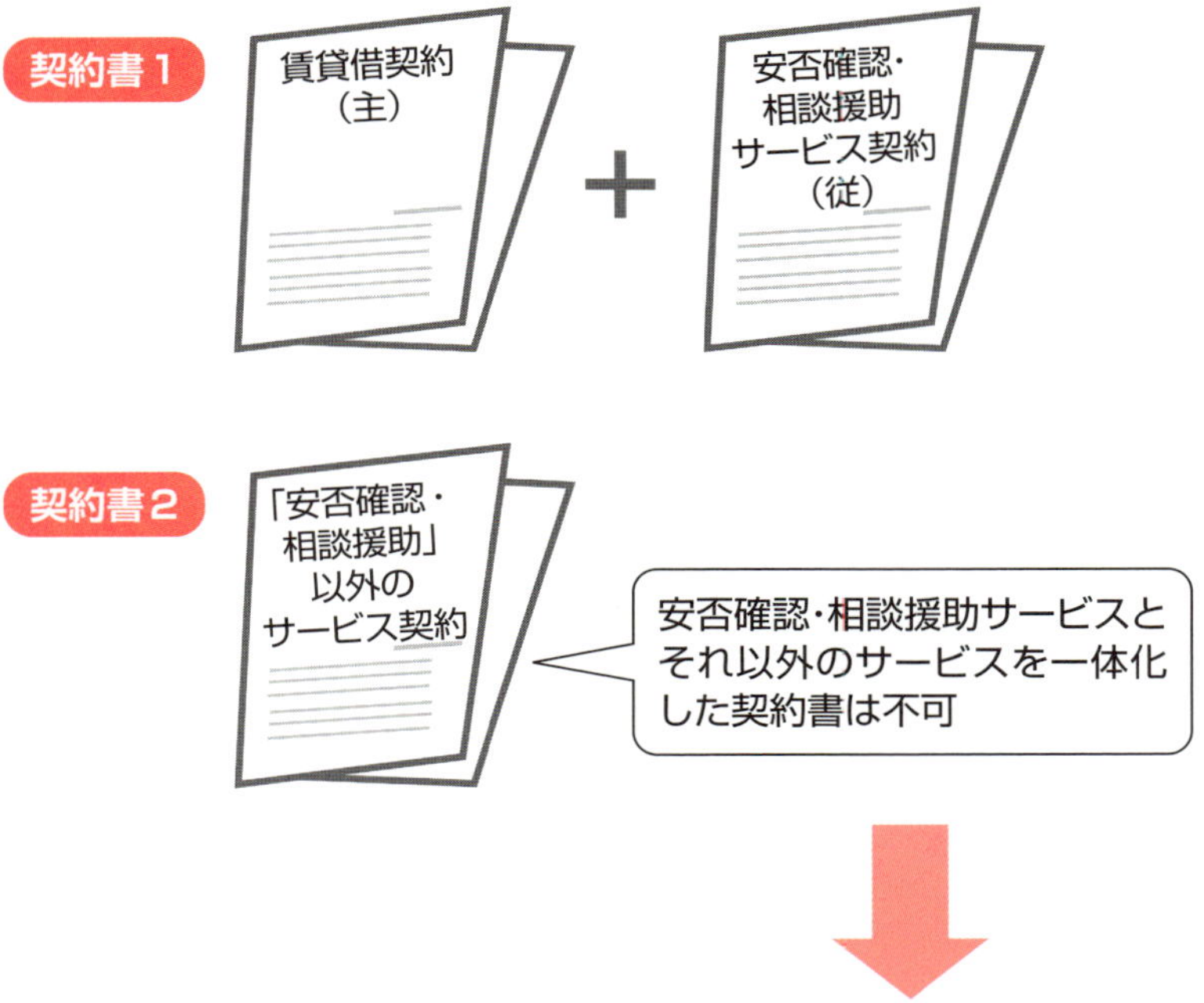

契約書のパターンは、「賃貸借契約形態」と「家賃等の前払いの有無」により6パターンある

賃貸借契約形態	家賃等の前払金の有無
①普通建物賃貸借契約（期間の定めがある契約） ②終身建物賃貸借契約 ※利用権契約については、解説において留意	(A)毎月払い（前払いなし） (B)全部前払い (C)一部前払い

2種類×3種類で6パターン

スとして、入居者の状態変化に伴う「居室」の所有権にかかる問題でした。

例えば、入居者が体調悪化などで長期入院に至ったとします。その後、本人が退院したとき、ホーム側が「今までの居室では生活が難しいから静養室で過ごしてもらう」として、勝手に居室移動をしてしまったケースがあり、問題となりました。

サ高住では、こうした契約を結ぶことは基準違反とされます。もちろん、長期入院などを事由として、一方的に契約を解除できるといった旨の契約もNGです。

入居者から権利金は受領できない

金銭面については、まず入居者から受領できる種類として、敷金・家賃・サービスの対価のみ（前払い金含む）である点を確認します。**礼金を含む権利金**やそのほかの金銭は受領できません。

また、前払い金を受領する場合にも、以下の基準が定められています。

①前払い金の算定の基礎、および返還債務が発生したとき、それぞれの金額の算定方法が示されていること（例：「1カ月分の家賃等×想定居住の月数」などという具合）。

②入居後3カ月以内に、入居者が契約を解除したり、入居者が死亡したことによって契約が終了した場合、日割り計算した家賃等を除いて前払い金を返還すること。

③返還債務が発生したときに備え、前払い金に対して必要な保全措置を講じていること。

なお、住宅工事の完了前である場合、前払い金を受領することはできません。これら金銭の授受にかかる詳細については、第2章以降にて掘り下げます。

基準違反の是正が進まない場合は、登録取り消しの処分も

以上の登録内容と実態が異なる場合は、行政による是正指導が行われます。

基準違反ではないものの、例えば、家賃やサービス内容などが登録内容と異なる場合には、登録内容の訂正が指示されます。実態が登録基準に適合していない場合は、速やかに基準と適合させるよう必要な措置を講じなければなりません。

これらに従わない場合、あるいは登録後に基準違反の状態に至った場合、サ高住としての登録が取り消されることになります。事務所の所在地等が確認できず、その旨を公示したうえで30日間申し出がなかった場合も同様です。

サ高住は、補助金交付の後押しもあり、制度開始から全国的に急速な建設が進んでいます。行政側としても、徐々に報告徴収や立入り検査の機会を増やすことが想定されます。これから参入する場合は、基準違反等がないか事前に十分なチェックを心がけましょう。

POINT

●入居者との合意なく、長期入院を理由とした一方的な契約解除はもちろん、勝手な居室移動もNG

●登録内容に変更があった場合なども、速やかな届け出をしないと取り消しも

4.安否確認(状態把握)・生活相談サービスの内容等

①サービス内容と提供方法、料金

- 提供方法については、常駐する者の人数と時間帯
- 不在時について、対応するシステムの詳細など
  (近接地に常駐する場合において、入居者から居住部分への訪問を希望する旨の申し出があったときは「訪問」に限る)

②登録事業者の遵守事項

- 個人情報保護義務、損害賠償、入居者からの苦情等への対応

5.貸主、借主について

①貸主および管理業者

- 貸主と建物所有者が異なる場合は、「所有者」についても記載

②借主

- 同居人がいる場合は、氏名と借主との続柄等も

6.その他、必要に応じて「定めることが可能」という項目

①残置物引取人

- 入居者が死亡し、契約が終了した場合の現状回復において、相続人が残置物を引き取ることができない等に備えて指名

②緊急連絡先

- 入居者の病気、死亡等に備え、登録事業者からの連絡・相談等に応じる者を指名

■契約書の基本的な様式

頭書き ＋ **契約書** ＋ **解　説** で構成する

契約の内容

1. 賃貸借の目的物について

①建物の名称と所在地

②建物全体の構造等

- 共同建か、一戸建てか？　木造か、非木造か？　何階建てか、戸数は？ など

③各住戸部分について

- 居室番号とその間取り、面積　各住戸部分に備えられた設備など

④共用部分について

- 談話室、台所、食堂等の有無、それぞれの広さも明示

⑤付属施設について

- 駐車場、物置、専用庭等について、契約に含むか否かを明示

2. 契約期間について

- 始期と終期を明示。終身賃貸借契約については、「借主の死亡に至るまで存続する」ことを明記

3. 賃料等について

①家賃等の前払い

以下の算定基礎を明示する

- 普通建物賃貸借契約・全部前払いの場合
  1カ月分の賃料×契約期間月数
- 終身建物賃貸借契約・全部前払いの場合
  1カ月分の賃料×乙の想定居住月数＋想定居住月数を超えて契約が継続する場合に備えて甲が受領する額
  ※終身建物賃貸借標準契約書と同内容を規定する

②その他

- 敷金の内訳や賃料の支払い方法について

1-6 国が進める「地域包括ケア」としてのサ高住

国が進める社会保障制度改革では、医療・介護の分野において「地域包括ケアシステムの構築」が大きな軸として示されています。

この地域包括ケアシステムとは、医療、介護、予防、住まい、生活支援サービスが連携した要介護者等への包括的な支援であり、できる限り住み慣れた地域で、「在宅」を基本とした生活の継続を目指すことを目的としています。そのシステムを構築していくための具体的なサービス提供の方向性の1つとして、「サ高住の充実」を挙げています。

今後、わが国の社会保障政策には、さらに大きなメスが入れられることが予想されます。その際、「サ高住への入居者」を中心的なモデルとしながら施策のアウトラインを描いていく――これが**高齢者支援の大きな流れ**になることは間違いないでしょう。

サービスの質が成否を左右する

国の社会保障施策との関連を頭に入れた場合、やはり重視されるのは、サ高住における「サービス」の部分ということになります。ここにどのような付加価値を築けるかによって、

高齢者支援の大きな流れ
つまり、地域ニーズに合わせてサ高住の充実を図るというビジネスモデルは、どのような時代が来ようとも、国が進めるビジョンから大きく外れることはないといえる。

サ高住の成否は大きく左右されます。最低限の基準である「安否確認や相談援助」を形だけ提供すればいいという発想では、地域ニーズはもちろん、社会保障施策の方向性をつかむことが難しくなり、安定的な経営は望めない可能性が高いといえます。

要するに、市場のニーズに応えきれず、ビジネス的にも失敗する可能性が高いということです。

ただし、付加価値の高いサービスを提供するためには、「プロが提供するサービス」としての質を維持しなければなりません。例えば、看護師や保健師による、入居者への健康管理サービスを提供するとします。看護師・保健師はともに国家資格ではありますが、1人や2人で担当するとなれば、チームアプローチはなかなか望めません。

つまり、利用者から得られたアセスメント情報を分析する際、1人では気づかなかったことが、チームの目で検討することにより明らかになるケースがあるということです。入居者にしてみれば、健康管理の効果を実感しやすくなるわけです。

■これからの「サービス付き高齢者向け住宅」のあり方

国交省では、サ高住を「単なる住まい」ではなく、「地域包括ケアを担う存在」としてとらえたうえで、今後のあり方の検討を行ない、平成28年5月に検討会の報告書がまとめられた。そこに示された「今後の方向性」の中から、「サービスの質の確保・向上」と「適切な医療・介護サービスが提供できる地域コミュニティの形成」の部分をとりあげる

サービスの質の確保・向上	・状況把握・生活相談サービスの**提供体制の強化** （提供体制のあり方検討、先導的取組みの支援　等） ・**地域における生活支援サービス**の提供体制の確保 （地域支援事業によるサービスの提供促進　等） ・入居者等による住宅の運営への関与（運営懇談会）
適切な医療・介護サービスが利用できる地域コミュニティの形成	・サ高住と**医療・介護サービスとの連携**の推進 （医療機関・介護サービスとの連携が図られたものへの支援の重点化、設備更新やサービス施設等の併設の促進等） ・**地域の医療・介護サービス拠点**の整備促進 （「拠点型サ高住」の供給促進、訪問介護等のサービス事業所の用途制限の合理化等） ・**介護サービス利用の適正化** （有料老人ホーム指導指針による指導監督、ケアプランの調査点検の推進等）

しかしながら、チームアプローチを実践するのは、それだけの人件費がかかります。また、チームを機能させていくには、相応の設備や事務所のスペースも必要になるでしょう。やはり、多くの面でコストが膨らみ、それが入居者の負担金に跳ね返ったり、結果的に経営を苦しくして、「高齢者の安定居住」が図れないおそれも高まります。

サ高住の先駆けとして注目されるデンマークの高齢者向け住宅

そこで、「医療保険や介護保険によるサービス」を「入居者だけでなく、地域全体に提供していく」という機能を併設するという発想が必要になります。

国が示すサ高住のイメージでも、建物の一角に診療所や**訪問看護ステーション**、デイサービスなどを併設し、そこから地域全体をターゲットとしたサービス提供を展開していく様子が描かれています。これならば、チームアプローチがしやすいわけです。

国は、サ高住のあり方を構築するうえで、海外の「高齢者向け住宅」のモデルも参考にしています。その1つデンマークの高齢者向け住宅では、ナーシングホームやヘルパーステーションを併設し、その機能を活かしつつ、入居者に対して医療・介護等の様々なサービスを提供しています。デンマークにおいて、こうした住宅建設は1980~90年代にかけて活発となり、2006年には施設の3倍以上まで拡大しています。サ高住の先駆けの姿がそこにあります。

訪問看護ステーション
医療保険や介護保険における訪問看護サービスを提供する際の拠点。医療法人である必要はないが、訪問看護の提供に際しては主治医の指示書を必要とする。

■併設サービスで入居者・地域のニーズに対応する

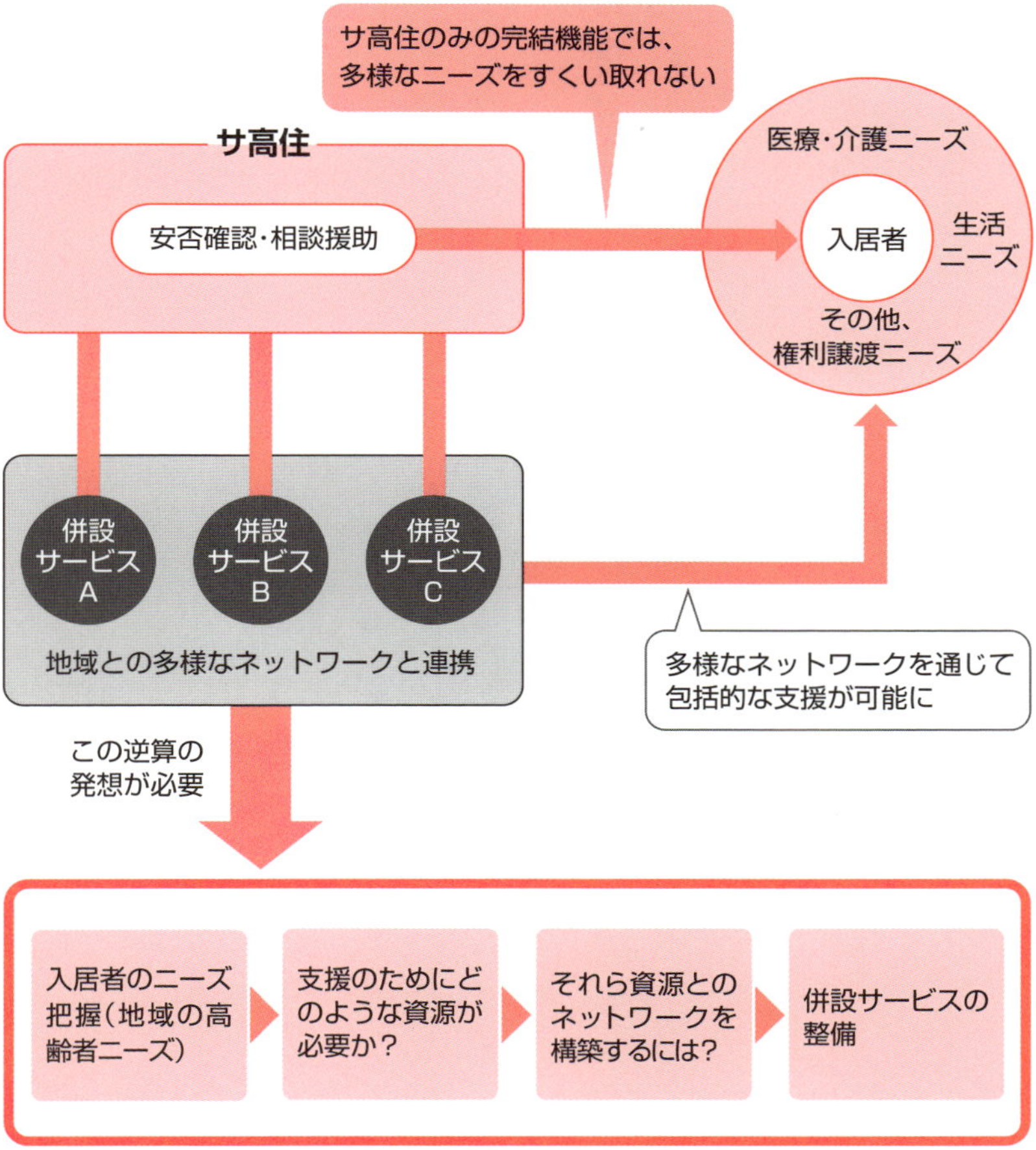

POINT

●医療・介護拠点の併設によって、付加価値の高いサービス提供を図る

●地域全体を見すえることで豊かな人材配置が可能となり、サービスの質も向上

1-7 医療・介護保険サービスとの制度的兼ね合いはどうなるか？

サ高住に医療・介護保険サービスの拠点を併設する場合、必ず指摘される課題があります。それは、入居者に対する「囲い込み」が行われるのではという懸念です。

医療・介護保険サービスは、契約に示された付属サービスとは「別物」になります。入居者としては、サ高住に併設事業所に限定されることなく、自由に事業者を選ぶことができます（その点は、医療・介護保険法でも保障されています）。

ところが、同一建物内にあるという利便性が強調されることで、入居者としては「**別の事業所を選びにくい**」雰囲気が生じます。なかには、「外部の別事業者を選ぶと、（もともとサ高住で提供する）相談援助等のサービスも受けにくくなるのでは」と考えてしまいがちです。入居者側の「自由意思」がそこで侵される可能性が高まるわけです。

同一建物（サ高住）からのサービス提供に「報酬減算」が

こうした状況を防ぐべく、診療報酬や介護報酬では、同一建物内の利用者に対するサービス提供について「減算」要件が設定されています。同一建物ということは、主にサ高住

別の事業所を選びにくい
こうした雰囲気があることで、例えば、介護サービスを包括的に提供できる「特定施設」でないにもかかわらず、実態として似たサービス形態になっているケースも見られる。

■サ高住に医療・介護等のサービスが併設されることで、浮上しがちなデメリット

入居者の「囲い込み」が生じがち → 入居者の「自由選択」が侵される可能性

サービスが法人内で完結しがち → 地域ネットワークを通じた支援が困難

第三者のチェックが入りにくい → コンプライアンスが働きにくくなる

に併設した形での医療・介護サービス展開が想定されているといえます。

例えば、介護報酬における同一建物などに関する減算ケースを見てみましょう。

まず、訪問介護、訪問入浴介護、訪問看護、訪問リハビリ、そして夜間対応型訪問介護については、事業所と同一敷地内または隣接する敷地内に所在する建物（サ高住など）に居住する利用者のケースを対象に、介護報酬が一律10％減算となります。（平成27年度の報酬改定前は「同一建物」に限定されていましたが、同一または隣接する「敷地内」となったことで、規制がやや強化されたことになります）

ちなみに、法人が別の敷地にサ高住などを建てているケース（つまり、サービス事業所が同一建物内にはない）でも、そこの入居者に右記のサービスを提供する場合は、その人数が1月あたり20人以上であればやはり10％減算となり

通所介護（デイサービス）
なお、通所系サービスについては、同一建物では送迎を行なわないケースが大半となる。その場合、片道につき47単位が減算されることになった。なお、同一建物であっても、やむをえず送迎が必要になるケース（利用者が極めて重度化しているなど）では、送迎にかかる減算が行なわれないこともある。

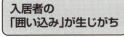

ます。

また、通所介護（デイサービス）がサ高住などに併設されている場合にも、その建物から入居者が併設デイに通う際には、1日あたり94単位が減算されます（ただし、同一敷地内の別棟建物や道路をはさんで隣接する場合には、該当しない）。このほか、医師や歯科医師、薬剤師などが手がける居宅療養管理指導も、同一建物内の入居者に提供する場合にも、その利用者について減算された報酬が適用されます。

「減算」が厳しくなる流れが強まっている点に注意したい

ところで、地域密着型サービスのうち定期巡回随時対応型サービス、および「看護小規模多機能型」については、これまで同一建物などの減算は適用されていませんでした。しかし、平成27年度の介護報酬改定により、前者については「同一または隣接する敷地内」の建物居住者へのサービスに関して月600単位の減算、後者については小規模多機能型居宅介護と同様、別途減額された基本報酬が設定されています。この他、診療報酬に関しても同一敷地内等の建物に入居する患者への「訪問診療」などについて減算された報酬が適用されています。

いずれにしても、同一建物などの入居者に関して、今後も報酬面での規定が厳しくなることが予想されます。次期改定となる平成30年度の動向に注意しましょう。

POINT

- **併設事業所からのサービス提供には、実は様々な規制がかかっている**
- **報酬減算とコスト減、両者のバランスを見極めた戦略的経営観が必要に**

■サ高住など「同一建物」内へのサービスにかかる「減算」

	減算の内容	算定案件	備考
訪問介護 訪問入浴介護 訪問看護 訪問リハビリテーション 夜間対応型訪問介護	10%減算	①事業所と同一敷地内又は隣接する敷地内に所在する建物（養護老人ホーム、軽費老人ホーム、有料老人ホーム、サービス付き高齢者向け住宅に限る）に居住する者 ②上記以外の範囲に所在する建物（建物の定義は同上）に居住する者（当該建物に居住する利用者の人数が1月あたり20人以上の場合）	—
定期巡回・臨時対応サービス	600単位／月減算	・事業所と同一敷地内又は隣接する敷地内に所在する建物（養護老人ホーム、軽費老人ホーム、有料老人ホーム、サービス付き高齢者向け住宅に限る）に居住する者	—
居住療養管理指導	（例） 医師：503単位 →452単位　等	・同一建物居住者、具体的には以下の利用者 ①養護老人ホーム、軽費老人ホーム、有料老人ホーム、サービス付き高齢者向け住宅、マンションなどの集合住宅等に入居・入所している複数の利用者 ②小規模多機能型住宅介護（宿泊サービス）、認知症対応型共同生活介護、複合型サービス（宿泊サービス）などのサービスを受けている複数の利用者	・同一日に2人以上の利用者を訪問する場合
通所介護 通所リハビリテーション 認知症対応型通所介護	①94単位／日 ②47単位／片道減算	①事業所と同一建物に居住する者又は事業所と同一建物から事業所に通う者 ※事業所と構造上または外形上、一体的な建築物を指すものであり、具体的には、当該建物の1階部分に事業所がある場合や、当該建物と渡り廊下等で繋がっている場合が該当し、同一敷地内にある別棟の建物や道路を挟んで隣接する場合は該当しない。同一建物については、当該建築物の管理、運営法人が介護事業者と異なる場合であっても該当する。 ②事業所が送迎を行なっていない者	・やむを得ず送迎が必要と認められる利用者の送迎は減算しない
小規模多機能型居宅介護 看護小規模多機能型居宅介護	（別報酬体系）	・事業所と同一建物（養護老人ホーム、軽費老人ホーム、有料老人ホーム、サービス付き高齢者向け住宅に限る）に居住する者	・利用者の居所（事業所と同一建物に居住するか否か）に応じた基本報酬を設定

1-8 サ高住経営を成功させるために、もつべきビジョン

平成23年3月に発生した東日本大震災は、私たちの暮らしに大きな爪痕を残しました。家や財産、働く場所を失い、そして家族を失い、今なお住み慣れた故郷に戻れないまま、巨大な喪失感を抱えている人々がたくさんいます。「故郷の再生」と口では簡単にいえますが、もう一度、自分らしいかつての生活を取り戻すには、相当な時間と労力を要します。大震災はまさに「巨大な喪失」が一気にやってきた出来事ですが、実は、その前後においても同様の喪失感はわが国全体を少しずつおおっています。

地域社会から若い世代が少しずついなくなり、なじみの商店街は軒並み店を閉め、身近で相談事のできるご近所づきあいも薄れていく――かつての地域社会が失われていく様子は、高齢社会の支え手をどこに求めればいいのかという深刻な課題を投げかけています。

地域再生のプラットフォームとなる「拠点」が求められている

そうした時代において、地域再生に向けた1つのスタートラインとして考えたいのが、支える側と支えられる側が**「関係を創造できる」プラットフォーム**です。

「関係を創造できる」プラットフォーム

東日本大震災の後、各地で仮設住宅が建設されたが、入居者の孤立を防ぐべく敷地内に交流サロンなどが併設されている。そこで、地域のボランティアなども集まり、地域復興に向けた支え合いの関係づくりが進められた。この流れは、新設された公営住宅でも続いている。

■地域再生のプラットフォームとなる「拠点」

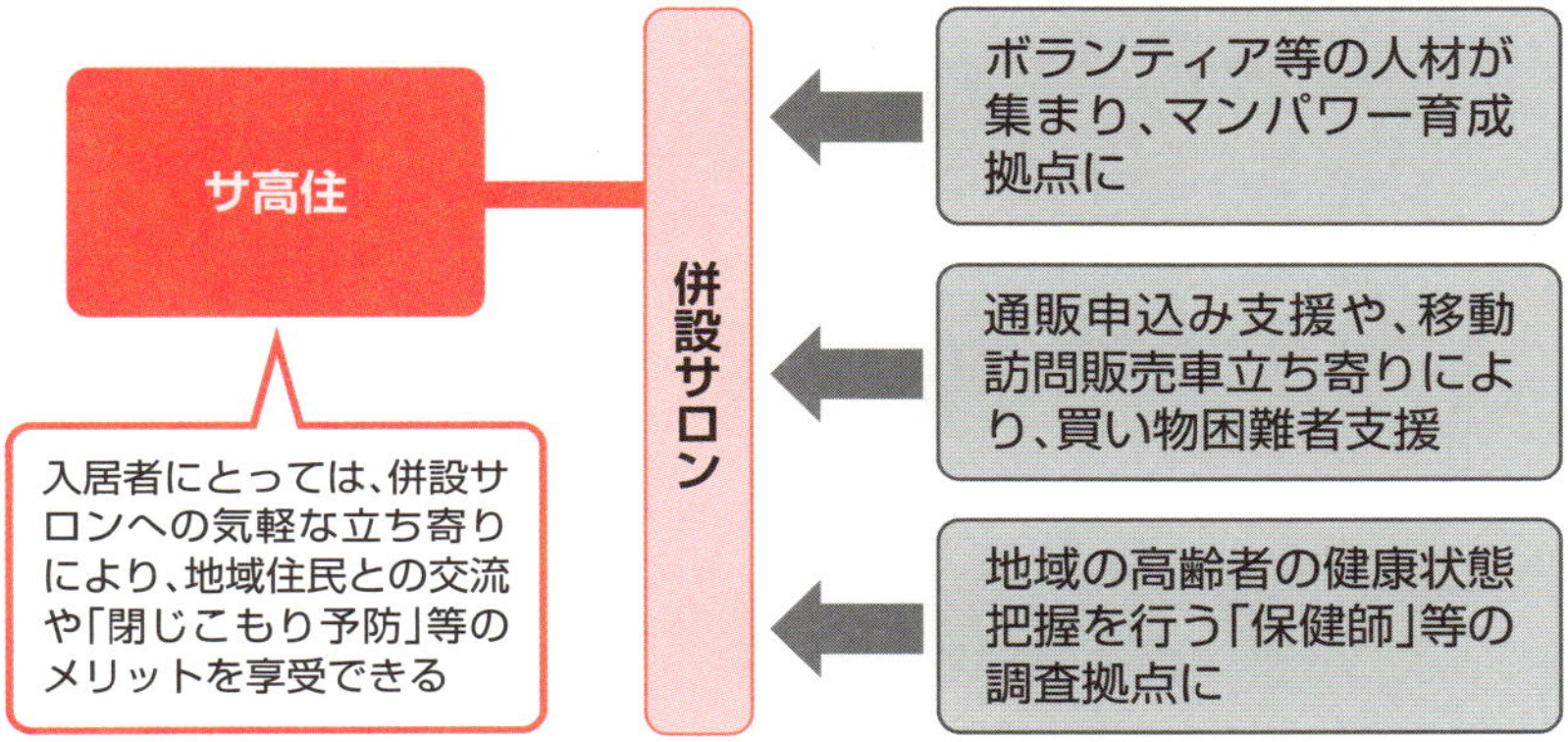

つまり、拠点を設けることで、「支える側」「支えられる側」がその拠点を目標として集い、そこでの関係づくりから、地域再生のエネルギーを広げていくという発想です。

例えば、公民館を利用した、高齢者同士の交流を目的としたサロンを立ち上げたとします。そこにやってくる人々の口から「地域の課題」が語られ、それに応じて支え手となる人材やサービス機能の育成が進めば、「支え手として自分も参加したい」と考える人々もさらに集まりやすくなります。地域づくりのノウハウがそこに集積されるわけです。

高齢者が集う拠点という認知が広まれば、「買い物困難者」を支援しようとする流通業者などが、移動販売車を向ける目標になるかもしれません。ある地域では、こうした拠点にネット通販の端末を設置し、インターネットの活用に慣れていない高齢者も支援者の手を借りて「買い

高齢者が集う拠点

巡回による訪問健康相談を手がける保健師なども、この拠点を活動のベースとすることで、高齢者の健康についての実態把握を進めやすくなる。開業医が診療所などを併設すれば、地域の医療拠点という機能を築くこともできるだろう。

物」ができるというシステムを整えています。

サ高住のサービスは、「入居者の利便性を図る」だけのものではない

問題は、こうした拠点が地域に数多く設置できない場合、本来「支えられる側」となる人々が気軽に足を運べるのかという点です。介護保険によるデイサービスであれば、送迎も可能でしょう。しかし、保険外の多様な拠点づくりとなれば、簡単ではありません。

こうしたアクセス面の「壁」を取り払うには、「支えられる側」の住居と「支援の場」となる拠点を一体化するという考え方が求められます。

これが、サービス拠点との一体化を目指したサ高住の1つのスタイルです。このビジョンを描いたとき、サ高住の本来的な機能とは何かが見えてきます。

つまり、あるべきサ高住の姿とは、単に「住居にサービスをセット化して、入居者の利便性を図る」というビジョンにはとどまらないということです。

サ高住に併設するサービス拠点は、入居者によるアクセスと基本としつつも、**地域全体との交流**をどうやって図っていくかという視点が欠かせません。それにより、入居者と地域住民が一体となりながら、新たな地域社会の創造を模索していく――ここに、サ高住の本来的な存在意義があります。この点をしっかり頭に入れておくことが求められます。

地域全体との交流
入居者と地域社会の間をとりもち、新たな「きずな」をつくるというビジョンを打ち出すことで、サ高住の社会資源としての価値が高まる。

■サ高住と「地域」との関係図

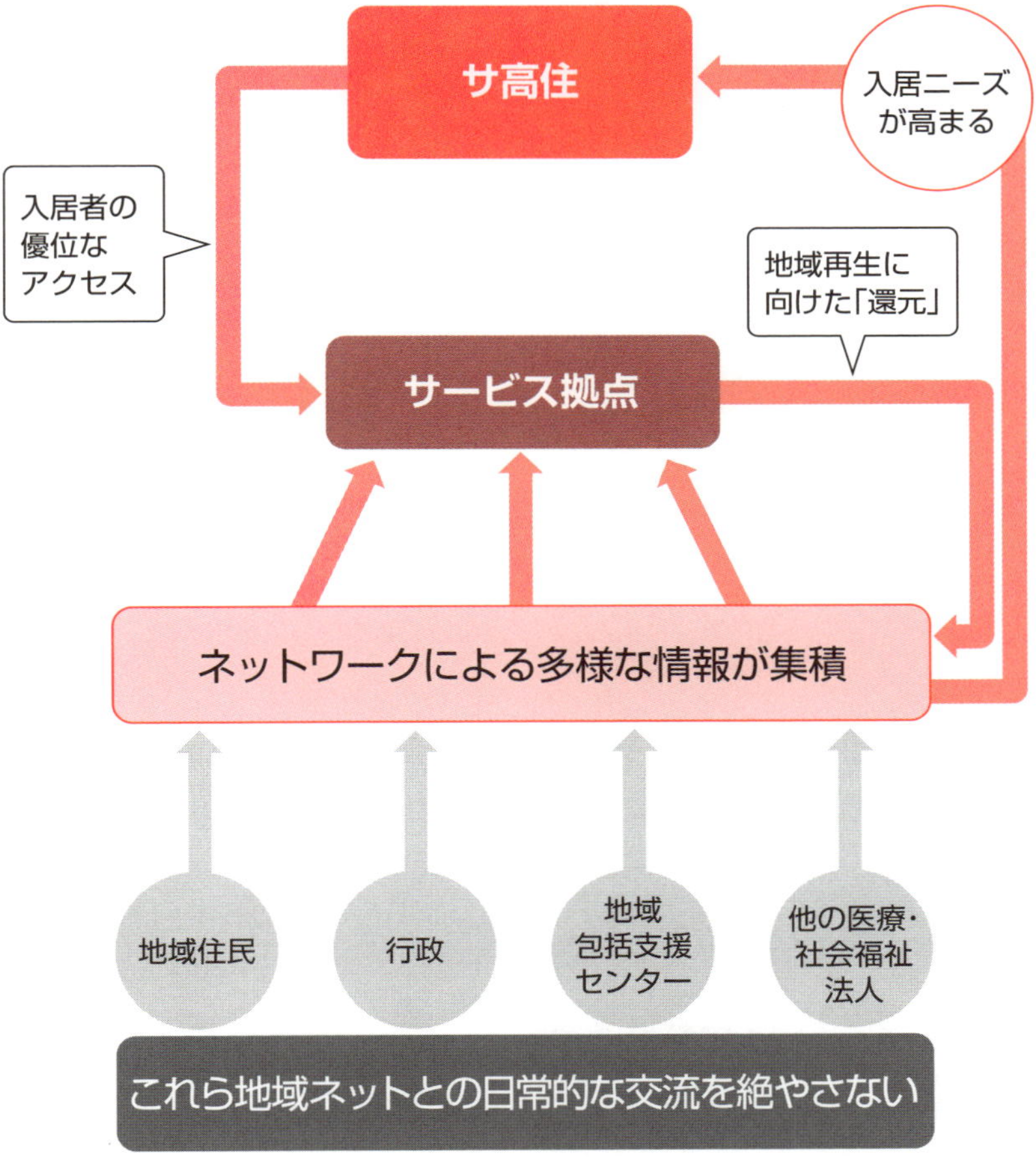

POINT

- サ高住に併設した拠点から、地域に対する様々なサービス提案が始まっていく
- サ高住の入居者が他の住民とも一体となり、地域社会を創造するというビジョンを

COLUMN

登録制度開始から５年。変わった点は？

平成 23 年 10 月にサ高住の登録制度がスタートして、5年が経過しました。その間の高齢化率のさらなる上昇や、国により地域包括ケアシステムの構築が進む中、いくつかの制度変更が見られます。ここで、変わった点を整理してみましょう。

まず、平成 28 年5月に「高齢者住まい安定確保法」を含む分権一括法が成立したことにより、市町村が作成する高齢者居住安定確保計画によって、サ高住の登録基準の強化・緩和ができるようになりました。また、同計画には、サ高住の供給促進のための施策や立地誘導のための施策を盛り込むことも可能になります。

また、地域再生法で認定された市町村が、「生涯活躍のまち形成事業計画」で設定した区域内のサ高住については、登録基準となる入居者要件を拡大することもできます。

今まで以上に、サ高住の整備に関して市町村の関与が大きくなり、地域の実情に沿ったサ高住のあり方が問われるわけです。

さらに、サ高住のニーズ拡大に応えるべく、以下の省令改正も行われました。それは、「資格者が常駐する場所」について、「隣接する土地に存する建物」に加え、「近接する土地に存する建物」も可能になった点です。具体的には、サ高住の敷地から 500 m以内に存する建物となります。たとえば、「資格者が常駐する場所」を1つ設けて、分散型のサ高住を複数設けることも可能になります（ただし、登録は住居部分の建物ごとに行なう必要があります）。

一方、サービスの質向上を図るべく、安否確認（状況把握サービス）について、各住居への訪問などを毎日1回以上行なう規定が設けられました。訪問以外の方法についても具体例が示されています。

第2章

サ高住の登録手続きと制度面のポイント

2-1 サ高住を登録するための流れを押さえる

サ高住を名乗るためには、その住宅地がある都道府県（あるいは政令市、中核市）の登録窓口に申請することが必要です。

申請の流れとしては、①「すまいまちづくりセンター連合会」が運営する「サービス付き高齢者向け住宅情報提供システム」のサイトにアクセスし、②画面上で登録情報を入力した後、③それを印刷して都道府県窓口に届け出ます。

登録のタイミングですが、法令上の定めは特になく、法解釈上は**「竣工前」でも登録は可能**ということになります。なお、登録は5年ごとの更新が必要です。

まずは、情報提供システムのサイトから「アカウント登録」

具体的な登録手順を追っていきましょう。

まずは、登録基準を確認します。すでに述べたように、登録基準や申請時の提出書類については、都道府県や市町村が策定する「高齢者居住安定確保計画」によって独自の基準が定められている場合があります。自治体によっては、事前相談を受け付けているので、

「竣工前」でも登録は可能

なお、サ高住整備事業（P74参照）による補助金を受ける場合には、「着工前」までに登録が必要となるので注意したい。

■サ高住登録までの基本的な「流れ」

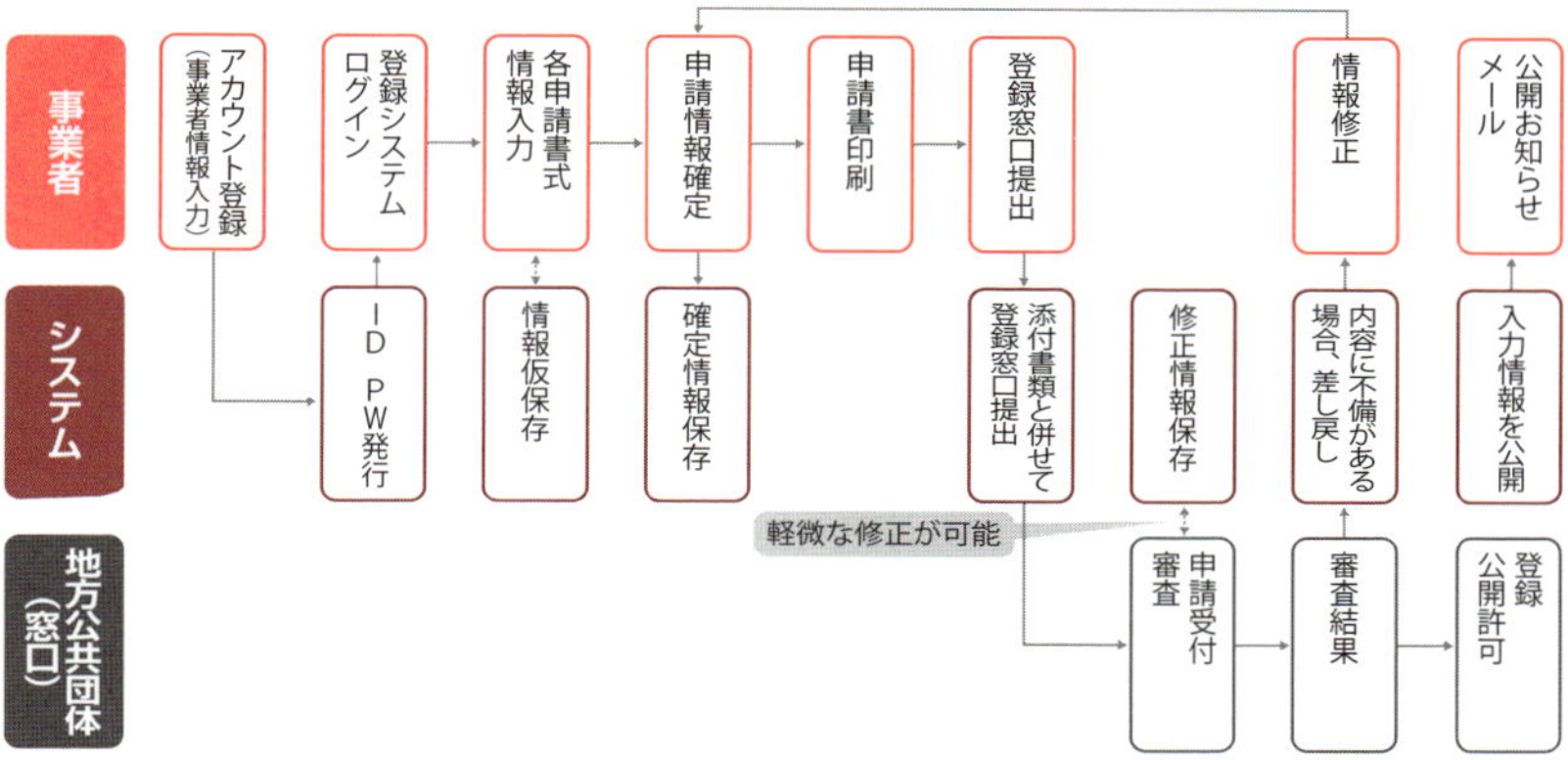

窓口に直接問い合わせてください。担当部局も、都市整備部や建設部などまちまちです。防火設備などについては、別途消防署などにも詳細を問い合わせるといいでしょう。

登録基準等を確認したら、登録申請書を作成します。先に述べた「情報提供システム」のサイトを開き、「事業者の方へ→事業者情報入力」のページへ移動します。

そこで、**登録システム操作マニュアル**に沿って事業者情報を入力し、アカウント登録を行います。なお、複数の住宅を登録する場合は、物件ごとに登録が必要となります。

アカウント登録を行うと、登録したEメールアドレスに「ログインパスワード」が記されたメールが送られてきます。そのパスワード（IDは登録したEメールアドレス）によって、ログイン画面から登録システムにアクセスします。

後は、登録マニュアルに沿って、必要な登録

窓口
管轄する自治体の窓口を知りたい場合は巻末資料、もしくはインターネットで「サービス付き高齢者向け住宅　情報提供システム」http://www.satsuki-jutaku.jp参照。

登録システム操作マニュアル
平成27年4月1日にマニュアルが改定され新様式となっているので注意（5年ごとの更新も同じ様式）。

整合性に問題
整合性に問題がある場合は、該当項目ごとに警告が出されるので、よく確認する。

情報を記入していきます。登録項目間の**整合性に問題**がなければ、そのまま登録情報を確定することができます。

申請書を印刷して、必要な添付書類と合わせて窓口に申請

申請情報を確定したら、規定の申請書のフォーマットで印刷します。その申請書と、必要となる添付書類を合わせて、自治体の登録窓口に提出します。

添付書類については、最初に相談窓口で確認した内容に沿って用意します。自治体ごとのホームページ上でも確認できます。加齢対応構造や入居契約に関するチェックリストや誓約書などは、様式が定められていることがあるので、ホームページ上からダウンロードして記入します。

なお、登録にあたっては手数料が必要です。住宅の戸数によって手数料が異なってくるので、これも事前にホームページ等でよく確認しておきましょう。

申請が受理されると、自治体において審査が行われます。申請内容に不備があれば、自治体から連絡がありますので、その修正指示に従ってください。審査にかかる処理期間は自治体によりますが、おおむね2週間から1カ月程度となっています。

審査をパスしたら、登録システムにおける公開が許可され、先の情報提供システムのサイト上で登録情報が公開されます。公開時には、お知らせメールが届きます。

POINT

●自治体ごとの独自基準や消防法の定めなどを、事前に相談窓口でチェック

●各種チェックリストなどのダウンロード書類なども、見落とさないように

■サ高住登録の申請に必要な書類（ある都道府県の例）

1. サービス付き高齢者向け住宅登録申請書

- サービス付き高齢者向け住宅情報提供システムサイトで記入した申請情報をすべて確定させたうえで、印刷を行なう。申請書表紙のみ自治体サイトのものを使用

2. サ高住の位置や間取り等を表示した書類

- サ高住の位置を示した付近の見取り図
- 住宅、敷地、および併設サービス事業所等の位置を表示した配置図（縮尺、方位も記載）
- 住宅の間取り、住戸タイプ別平面詳細図、各室の用途及び設備の概要を表示した各階平面図（縮尺、方位のほか、バリアフリーの状況、号室番号・住戸面積を表示）
- 各居室の面積が25㎡に満たない場合は、共同利用部分の面積のわかるもの

3. 加齢対応構造（バリアフリー）等のチェックリスト

- 自治体HPからダウンロードしたチェックリストを活用（次項参照）

4. サ高住に係る入居契約の登録基準適合性に関するチェックリスト

- 自治体HPからダウンロードしたチェックリストを活用

5. 入居契約にかかる約款など

- サ高住の登録基準に該当する旨の誓約書
- 自治体によっては「サービス提供にかかる指針」を遵守する誓約が求められる
- 登録申請者や法定代理人が欠格事由に該当しない旨の誓約書

6. 誓約書（自治体HPより様式をダウンロード）

- サ高住の登録基準に該当する旨の誓約書
- 自治体によっては「サービス提供にかかる指針」を遵守する誓約が求められる
- 登録申請者や法定代理人が欠格事由に該当しない旨の誓約書

7. 高齢者の虐待防止策に関する確認書

- 自治体HPより様式をダウンロード

8. サ高住を自ら所有する場合にあっては、その旨を証明する書類

- 具体的には、その土地・建物にかかる登記事項証明書

9. サ高住を所有者から借り受けて運営する場合は、その旨を証明する書類

- 具体的には、その土地・建物の賃貸借契約書の写し

10. サ高住の管理や生活支援サービスの提供を他の事業者に委託する場合の委託契約書類

- 管理・サービスにかかる委託契約書の写し

11. 登録申請する者が法人である場合の必要書類

- 法人にかかる登記事項証明書や法人定款の写し

12. その他

- 建築確認を証する書類（確認済証の写しなど）
- 家賃等の前払いを受領する場合の必要な保全措置を講じていることを証する書類

※各自治体や業務委託を受けている団体のHPを参照のこと

2-2 申請時に必要なチェックリストの内容について

前項で述べたように、サ高住の登録申請に際しては、様々な添付書類が必要です。特に、自治体の担当部署のホームページからダウンロードするチェックリストについては、その内容を事前に確認して記入漏れなどがないよう注意することが必要です。

情報提供システムのホームページ上では、添付書類等の参考とする様式として、①加齢対応構造等のチェックリスト、②入居契約の登録基準適合性に関するチェックリスト、③誓約書（基準に適合することと、欠格要件に該当しないこと）、④登録事項等についての説明書（入居者との契約に際して、実際に入居者に示すもののひな形）が挙げられています。

このうち、①②については、登録する物件が基準に該当しているかを自らチェックし、そのことを自治体の担当部局に示すという意味があります。

バリアフリーチェックに際してはプロの建築士の助力を

①のチェックリストは、住宅の専用部分および共用部分にかかるバリアフリー基準への対応状況をチェックするものです。建築のプロの視点からのチェックが求められるため、

建築士
その建物を設計した当事者でなくても構わないが、高齢者向け住宅などの設計を経験したことのある建築士を事前に探しておく必要がある。

■提出書類に必要なチェックリストで、何をチェックするのか？

1 加齢対応構造等のチェックリスト

①各居室内の段差が、適合基準にきちんと収まっているか？
②建物内の階段の寸法が、適合基準にマッチしているか？
③必要な箇所に、必要な「手すり」（転落防止用含む）が設けられているか？
④共用廊下・階段内の段差や手すりが、適合基準にマッチしているか？ など

居室・廊下の段差、階段の寸法、手すりがバリアフリーの3大チェックポイント

2 入居契約の登録基準適合性に関するチェックリスト

①改正高齢者住まい法の第7条１項の６～８号にかかる部分
②居住にかかる専用部分がきちんと明示されているか？
③家賃等にかかる算定基礎や返還債務の算定方法が示されているか？
④工事完了前に前払い金を受領しないこと、一方的な解約をしないことの旨は？ など

特に、家賃や返還債務にかかる部分の明示がポイントに

作成者は、都道府県に登録している建築事務所に所属する**建築士**に限られます。

チェックに際しては、申請者も必ず立会い、両者の目で確認しましょう。仮に基準に該当しない部分があった場合、申請者として早急な対応が必要になるからです。また、仮にすべて基準に該当していたとしても、入居者の動線などを意識する機会となり、今後のさらなる改修計画を描くうえで「心づもり」をしておくことができます。

一方、②のチェックリストは、入居契約書の条項等が登録基準に該当しているかをチェックするものです。全部で9項目あり、入居契約書で該当する条項と照らしたうえで、適合しているかどうかを自己評価していきます。

あくまで自己評価なので、客観的なチェックが難しいというケースもあります。その際は、自治体が示すチェックリストのひな形に「判断

ダウンロードしてチェック

例えば、「家賃等の前払い金を受領する場合には、その算定の基礎が明示されていること」というチェック項目がある。その場合の判断基準の例として、「前払い金を算定する計算式を明示する」となっている。つまり、入居者側にとって理解しやすい方式が採用されているかという点が問題となるわけである。

基準」が示されているものがあるので、それを**ダウンロードしてチェック**するのが望ましいでしょう。

将来的な事業拡大に向けて、チェックリストの理解を深める

こうしたチェックリストは、単に「登録申請に必要な書類だから」という意識だけで作成するのではなく、サ高住のよりよい運営を実現していくために「積極的に活用する」という意識で取り組むことが必要です。

特に①のバリアフリーにかかるチェックリストについては、施行規則を読むだけでは見落としてしまいがちな内容についても、実地調査の視点を築く機会となることにより、事業者側としての理解が深まります。

サ高住の運営を進めていく中で、地域支援のノウハウが蓄積されていけば、さらなる地域ニーズに対応すべく将来的に物件数を増やしていく戦略が考えられます。その際、事前にチェックリストの内容が頭に入っていれば、例えば、改修を想定した既存物件探しなどについても効率的に進めやすくなるというわけです。

なお、サ高住の整備事業の改修補助について、平成27年度より、用途変更に伴い建築基準法等の法令に適合させるための工事が追加されています。

POINT

- **4種のチェックリストを事前にダウンロードして、理解を深めておこう**
- **契約にかかるチェックリストについては、入居者視点での自己評価が重要**

■登録基準適合性に関するチェックリスト

		入居契約に係る基準	判断基準
☑	**書面**	書面によるものであること	契約書に入居するための専用部分を賃貸する旨または利用させる旨の内容が記載されていること
☑	**専用部分**	入居者の居住の用に供する専用部分が明示されていること	単に建物全体を示すのではなく、具体の部屋番号（○○号室）が記載されるなど特定されていること
☑	**敷金と権利金**	家賃および生活支援サービスの提供の対価（以下「家賃等」という）、敷金ならびに家賃等の前払い金を除き、権利金その他の金銭を受領しないものであること	①敷金、②家賃、③高齢者生活支援サービスの提供の対価、④家賃等（②および③）の前払い金以外の金銭（権利金等）を受領するものとなっていないこと。（※①から④が明確に分けられていること）
☑	**前払い金**	家賃等の前払い金を受領する場合には、その算定の基礎が明示されていること	家賃等の前払い金の算定方法（計算式）を明示すること
☑	**前払い金返還時の算定方法**	家賃等の前払い金を受領する場合には、家賃等の前払いについて事業者が返済義務を負うこととなる場合における当該返還債務の金額の算定方法が明示されていること	想定居住年数未満で退去することとなった場合の返還額の算定方法（計算式）を明示すること
☑	**前払い金返還の条件**	入居者の入居後、3カ月が経過するまでの間に契約が解除され、または入居者の死亡により終了した場合には、家賃等の月額を30で除した額に、入居の日から起算して契約が解除され、または入居者の死亡により終了した日までの日数を乗じた額を除き、家賃等の前払い金を返還すること 入居者の入居後、3月が経過し、想定居住期間が経過するまでの間に契約が解除され、または入居者の死亡により終了した場合には、契約が解除され、または入居者の死亡により終了した日以降の期間につき日割計算により算出した家賃等の額を、家賃等の前払い金の額から控除した額を除き、家賃等の前払い金を返還すること	規則で定める期間（3カ月間）までに入居契約が解除された場合にあっても、家賃等の前払い金を返還しないもの、規則で定める金額（入居期間に相応する家賃等）を超えて返還しないものは不可
☑	**解約**	入居者の病院への入院または入居者の心身の状況の変化を理由として、当該理由が生じた後の入居者の合意がなく、一方的に居住部分を変更し、または契約を解約することができないこと	管理者等が入居者の介護や身体の状態等を理由に、契約者との合意なしに居室を移したり、解約したりすることができる内容になっていないこと。「甲（事業者）が、適切な介護を行うために、乙（入居者）の健康状態に応じ、部屋を移すことができる。」などの契約条項は不可
☑	**前払い金の受領**	住宅の整備に関する工事の完了前に敷金または家賃等の前払い金を受領しないこと	銀行等による債務の保証、保険事業者による保証保険、信託会社等による元本補てんまたは信託などの具体的な保全措置を明示すること

出所：函館市都市建設部住宅課「サービス付き高齢者向け住宅の入居契約の登録基準適合性に関するチェックリスト」をもとに作成

2-3 広告関連、その他で押さえておきたい制度上のポイント

サ高住の運営においては、登録完了後でも様々な規制を遵守しなければなりません。まず、頭に入れておきたいのは、入居者募集等にかかる広告についてです。改正法では、サ高住の運営について**誇大広告**を禁止しています。

広告等の表示方法にかかる5分野の規制をチェック

広告等の表示方法の対象となるのは、①土地または建物について、②施設または設備について、③居住部分の利用について、④介護サービスについて、⑤高齢者支援サービスを提供する者について、の5項目から成り立っています。

①については、土地または建物が登録事業者の所有するものでない場合に、その旨を明瞭に記載しなければならないとしています。登録事業者が医療・介護サービス業界でのネームバリューがあるものの、建物所有者がまったく別となった場合などは、入居者側にとって物件選びの判断が変わってくる可能性があります。

②については、よく問題となるのが、「診療所」や「スポーツセンター」などが「併設」

誇大広告
何をもって誇大広告とするのかについては、施行規則第22条第1号にかかる「国交大臣および厚労大臣が定める表示についての方法」に示されている。http://www.tokuteikyo.jp/images/register/news0655_4.pdf

とされているにもかかわらず、実際は登録事業者が所有するものでなかったり、同じ敷地内にはなかったりするといったケースです。つまり、事業者とはまったく関係のない設備を、いかにもその住宅の付加価値であるがごとく表示するわけです。

このあたりの表示も、誤解が生じないよう明瞭にすることが求められます。

③については、居住部分についての変更がある場合に、その旨を事前に示さなければなりません。例えば、何らかの事情で居室を移動することがある場合、元の居室にかかる権利が変更されたり、消滅したりするのであれば、そのことを明瞭にします。

④は、入居者が要介護状態になったときの介護サービスについての表示です。介護保険サービスであれば、提供事業者が登録事業者と異なる場合にその旨を記すこと。介護保険外サービ

■サ高住の「広告」についての規制を整理

1. 土地または建物についての表示

明示のポイント　サ高住の登録事業者と所有者が異なる場合は、その旨を明示

2. 施設または設備についての表示

明示のポイント　以下の場合は、その旨を明瞭に記す
- ❶登録事業者が設置しているものではない場合
- ❷その住宅の敷地内に設置しているものではない場合
- ❸利用するごとに、別途料金が発生する場合
- ❹特定の用途のために設置され、通常は使用されていない場合
- ❺構造・仕様などが一部異なる場合

3. 居住部分についての表示

明示のポイント　以下の変更が生じる場合は、その旨を明瞭に記す
- ❶変更後に居住部分の床面積が減少する
- ❷居室住み替えがあった際、元の居室の利用権が消滅する
- ❸居室の変更後に、追加的な費用が発生するなど
- ❹終身利用をうたっているにもかかわらず、規則第13条以外の理由によってそのことが叶えられないことがある場合

4. 介護サービスについての表示

明示のポイント　以下の場合は、その旨を明瞭に記す
- ❶そのサービスを別の事業者が提供する場合
- ❷介護保険給付の対象とならないサービスである場合

具体的なサービス内容や費用も明示すること

5. 高齢者生活支援サービスについての表示

明示のポイント　以下について、その「人数」を明瞭に記す
- ❶サービス提供にかかる総人数、および規則第5条のサービスごとの内訳人数
- ❷要介護者等にサービス提供を行う人数、および規則第５条の内訳人数
- ❸夜間におけるサービス提供を行う人数、および規則第5条の内訳人数

「介護に関する資格を有する者がいる」旨を記す場合は、その人数を常勤・非常勤の別ごとに明示する

スを提供する場合には、そのサービス内容や料金などを明示することが必要です。

最後に⑤ですが、サ高住に付帯するサービスについて、提供する担当者の人数を、各サービスの内訳ごとに記すという点です。また、夜間においてサービス提供者が常駐する場合、日中と人員数が異なる場合は、その旨も記さなければなりません。

とにかく、入居者の期待と実際の状況にズレが生じないことが重要になります。

前払い金家賃の返還債務についても、事前に十分な情報公開を

規制遵守において、もう1つ重視しておきたいのは、前払い家賃にかかる点です。

まず、前項で述べた「家賃の算定基礎」のほか、前払い金の返還債務が生じる場合、その取扱いをどうするかについても契約に明示しなければなりません。

例えば、期間の定めがある場合の契約では、入居者の死亡等によって契約期間の満了前に契約解除が行われた場合、前払い金と期間満了までの日割り計算した家賃の差額が返還されるという旨を計算式等によって記すことが必要です。

なお、改正高齢者住まい法では、前払い金等の返還債務が生じる場合に、その分を事前に保全しなければなりません。そのため、下記の①～③のいずれかの措置が必要です（この3点に準ずるものとして都道府県知事が認めるものを含む）。

この点も忘れず、チェックしておきましょう。

■前払い金等の返還債務が生じる場合に必要な措置

①提携する金融機関との間で保全金にかかる連帯保証契約を結ぶこと

②保険機関との間に保全金にかかる保証保険契約を結ぶこと

③信託会社等との間に保全金にかかる信託契約を結ぶこと

■家賃等の前払い金の算定基礎および返還債務の金額の算定方法の例

期間の定めがある賃貸借契約または利用権契約の場合

前提条件

①家賃等の額

１カ月分の家賃　　　　　　　　：６万円
１カ月分のサービス提供の対価：２万円

② ①家賃等の額のうち、家賃等の前払い金として支払う額

１カ月分の家賃のうち３万円
→毎月支払う額は、1カ月分の家賃6万円のうち、前払い金3万円を差し引いた3万円と、1カ月分のサービス提供の対価2万円

③契約期間

５年間

家賃等の前払い金の算定の基礎

家賃の前払い金(１カ月あたり)	×	**契約期間(月数)**	＝	**家賃の前払い金**
３万円	×	12カ月×５年間	＝	180万円

家賃等の前払い金の返還債務の金額の算定方法

①入居後、３月が経過するまでの間に契約が解除された場合

家賃の前払い金	－	**１カ月分の支払う家賃**	÷	**１カ月30日換算**	×	**入居から契約解除までの日数**	＝	**返還する金額**
180万円	－	（3万円	÷	30	×	40日）	＝	176万円

ここでは例として40日

②入居後、３月が経過し、契約期間が経過するまでの間に契約が解除された場合

家賃の前払い金(1カ月あたり)	×	**契約期間までの残りの月数**	＝	**返還する金額**
3万円	×	2年×12カ月	＝	72万円

ここでは例として２年

POINT

●入居者の誤解を招かないよう、誇大広告の禁止項目を理解し遵守を
●前払い金等の返還債務が生じることを想定し、信託契約等の保全措置を

2-4 行政による様々な「監督」について押さえておく

サ高住については、登録事業を管轄する都道府県等による「監督」が行われます。流れとしては、①業務に関する必要な「報告」を求める、②必要に応じて「立入り検査」を行う、③登録内容と実態にズレがある場合は「是正措置」を指示する、④是正されない場合は「登録の取り消し」を行うことができる、となっています。

また、こうした流れ以前に、「登録拒否」を行うことも監督権限の1つといえます。登録拒否の要件については改正法第8条に定められています（左ページ図参照）。

いずれにしても、法改正以前のやはり登録事業の対象であった「高齢者専用賃貸住宅」に比べると、ほとんどの部分で監督要件が拡大しています。サ高住事業を手がける場合には、どのようなときに「監督」が行われるのかを押さえておく必要があります。

立入り検査については、帳簿類のチェックや事業者質問が行われる

まず、登録事業者に対しては、改正法第19条で「帳簿類の作成・保存」が義務づけられています。具体的には、以下7項目にかかる記録です。

身体拘束等
拘束帯などの着用だけでなく、ベッドからの転落防止を目的にした四点柵や手にミット型手袋をはめたりするなども身体拘束となる。玄関や居室入口のドアに、入居者による開錠が不可能なカギをかけたりすることも同様。

①登録住宅の修繕・改修の実施状況、②入居者からの金銭の受領記録、③入居者に提供したサービス内容、④緊急やむを得ず**身体拘束等**を行った場合の状況や「緊急でやむを得ない」理由、⑤サービスにかかる入居者およびその家族からの苦情内容、⑥サービス提供により事故が発生した場合の状況と処置内容、⑦住宅管理やサービス提供を他事業者に行わせる場合の委託契約および業務の実施状況――となっています。

業務に関する必要な「報告」は管轄行政の求めに応じて行われますが、さらに「立入り検査」が実施された際は、右記の帳簿類がチェックされたり、その記載内容をもとにした事業者側への質問がなされることになります。

もちろん、「立入り検査」といっても、警察による犯罪捜査などではありませんから、行政職員が居住部分に立ち入るときは、必ず入居者の承諾を得なければなりません。

■登録が拒否される「要件」

1. 成年被後見人または被保佐人
2. 破産手続開始の決定を受けて復権を得ない者
3. 禁錮以上の刑に処せられたり、この法律の規定により刑に処せられた者で、執行を受けることがなくなった日から起算して1年を経過しない者
4. 第26条第2項の規定(※)により登録を取り消され、その取消しの日から起算して1年を経過しない者
   ※登録内容の変更等があったにもかかわらず、その届け出をしないなど
5. 暴力団員等、または暴力団員等でなくなった日から5年を経過しない者
6. 事業主が未成年者の場合、その法定代理人が1.～5.のいずれかに該当
7. 法人であって、その役員または政令で定める使用人のうちに1.～5.のいずれかに該当する者があるもの
8. 個人であって、政令で定める使用人のうちに1.～5.のいずれかに該当する者があるもの
9. 暴力団員等がその事業活動を支配する者
10. 登録申請書や添付書類に虚偽の記載があったり、重要な事実の記載が欠けている場合

是正措置の指示がなされたら、速やかに対応することが必要

さて、報告徴収や立入り検査の結果、実態が登録基準に適合していない、あるいは、国土交通省や厚生労働省が定める事項を遵守していないことが明らかになったとします。その場合は、速やかに「是正措置」をとるよう指示がなされます。

仮に、登録基準等に違反していなくても、登録事項と実態が異なる場合には、**登録事項の訂正**を申請すべきという指示がなされるので、それに従わなければなりません。いずれにしても、是正措置の指示等については、それぞれに指示書が定められているので、その内容に応じて対応します。

こうした是正措置の指示に従わない場合、あるいは登録内容の訂正を指示通りに実施しなかった場合には、都道府県は「登録の取り消し」を行うことができます。また、登録拒否要件にかかる、改正法第8条の1、3、5、9項のいずれかに該当したなどという場合は、「登録の取り消しを行わなければならない」という、より強い規定となっています。

サ高住は、国が推し進める地域包括ケアの要の1つと位置づけられています。入居者の権利等が大きく侵害される状況が生じれば、国の施策の根幹が揺らぐことになりかねません。それゆえに、「サ高住運営の適正化」に向けて、今後は行政の監督状況も厳しさを増してくることになると思われます。事業者として十分に心得たいポイントです。

登録事項の訂正
なお、登録内容に事後的な変更が生じた場合は、変更の日から30日以内にその旨を届ける必要がある。

■行政による「監督」の流れを押さえる

行政の求めに応じて
業務上の必要な「報告」を行う

↓

必要に応じて
行政による「立入り検査」が行われる

①帳簿類のチェック
②事業主や職員、あるいは入居者への聞き取り など

↓

立入り検査の結果、以下の状況が明らかになった場合

①実態が登録基準に適合していない
②厚労省や国交省の定める事項を遵守

↓

速やかに「是正措置」をとるよう指示される

登録基準に違反はしていないが、
その実態が、登録内容と合致していない

↓

指示に従って登録内容の訂正を行う

いずれも、行政からの「指示書」によって示される

↓

行政からの「指示」に従わなかった場合
「登録の取り消し」がなされる

63ページの登録拒否要件の1、3、5、9に該当する場合は無条件で「取り消し」

POINT

●改正法により厳しさを増した監督の内容について、法律条文等を詳細にチェック

●7項目にわたる帳簿類をしっかり整え、日頃から検査に向けた備えを万全に

2-5 「終身建物賃貸借」事業の認可を受けるにはどうすればいいか？

高齢者住まい法では、高齢者が一生涯にわたって安心して居住し続けることができるよう、借地借家法の特例として「**終身建物賃貸借契約**」を結ぶことを可能にした規定があります。

この規定に合致したサ高住については、終身建物賃貸借事業の対象物件として、都道府県の認可を得ることができます。借家権の相続性が排除されるため、事業者にとっては入居者死亡後に「相続人への立ち退き料支払い」を回避することができます。同時に、空き室の発生リスクを減らすことができるわけで、メリットは大きいといえるでしょう。

賃借人にとっては、いきなり終身賃貸借契約を結ぶことに抵抗感を感じるケースもあると思われますが、その場合、最初に「**定期建物賃貸借契約**」（1年以内）を結ぶことも可能です。最初に体験的な入居をして、納得したら終身賃貸借契約に移行するわけです。

このように、地域の高齢者の住まいニーズに対応しながら、柔軟に事業展開を図っていくことも可能になります。サ高住の登録と併せて認可を受けることにより、信頼される地域の拠点づくりを進めていくビジョンを描きやすくなります。

また、すでに述べた通り、平成23年の高齢者住まい法の改正ではこの認可基準が緩和さ

終身建物賃貸借契約
賃借人が死亡するまで継続する（死亡後、終了する＝相続性を排除する）、賃借人本人1代限りの賃貸借契約。「高齢者の居住の安定確保に関する法律第54条」に基づく。

定期建物賃貸借契約
契約で定めた期間が満了すると、更新は行わず賃貸借が終了する契約。

■終身建物賃貸借契約とは何か？

対象となる居住者（賃借人）
①60歳以上の1人暮らしの人
②60歳以上の人＋配偶者
③60歳以上の人＋60歳以上の親族

①〜③が下記の状況になるまで、「終身」の賃貸契約を結ぶ

- 入居者が全員死亡
- 以下の状態に至って賃借人からの解約の申し出があるまで
  ①入院、特養ホームへの入所などによって、賃借人の居住が困難になった場合
  ②他所に住んでいる親族と同居するため、賃借人の居住が必要でなくなった場合
  ③上記以外の理由での6カ月以上先の解約日申し入れ

終身賃貸借契約により借家権の相続性が排除される

→

事業者にとってのメリット
- 相続人への「立ち退き料」支払いを回避できる
- 空き室の発生リスクを減らすことができる

れました。旧法では、資力を基準とした信用要件などがハードルとなり、認可の実績がなかなか上がらないという状況があったからです。そこで、以下の点が緩和されました。

資力信用要件や、住宅整備にかかる資金計画の策定が廃止された

そもそも、認可時点で一定の資力があったとしても、それが長期にわたる業務遂行能力を保証するものとは限りません。むしろ、貸主側の事業継続が困難になった際に、入居者に対する公的な支援を行う方が有効といえます。

そこで、旧法における資力信用要件を廃止し、代わりに事業者が破産手続き開始の決定を受けた段階で、入居者が別の賃貸住宅へとスムーズに移れるよう、都道府県が助言や支援を行うことを定めました。また、旧法では、賃貸住宅を整備して認可事業を行う場合、整備を確実に行

都道府県に届け出
申請書の様式などについては、都道府県の担当部署に事前に問い合わせのこと（前項参照）。

うだけの資金計画が必要でした。新法では、これも廃止し、整備段階での金品の徴収を禁止することで、前払い金保全の問題をクリアしています。

いずれにしても、資力の高低や資金計画の有無といった要件がなくなったことにより、事業者が認可をとりやすくなったわけです。

サ高住の登録とワンセットで申請することによる手続き緩和も

事業認可をとる場合には、国土交通省令で定めた「終身賃貸事業」の認可申請書を作成し、サ高住の登録申請と同様、**都道府県に届け出**ます。

ただし、サ高住の登録申請と併せて行う場合には、住宅の規模や構造、設備にかかる項目について省略することが可能です。つまり、構造等が国土交通省令の定める基準に適合しているかどうかについては、サ高住の登録申請で添付した「加齢対応構造等チェックリスト」によって審査がなされることになります。

この認可事業についても、サ高住のケースと同様、都道府県による「報告の徴収」がなされることがあります。仮に、実態が基準と適合していないことが明らかになった場合には「改善命令」が出され、それに違反した場合には認可が取り消されます。

なお、すでに改正法施行前に、終身賃貸事業の認可を取得している事業者については、改めて認可申請をする必要はなく、新法で認可されたものとみなされます。

POINT

- **「一生涯住み続けたい」というニーズに応えるべく、終身賃貸借を考慮しよう**
- **認可申請の緩和点をチェックし、サ高住の登録との同時申請も考えたい**

■終身賃貸借契約の流れ

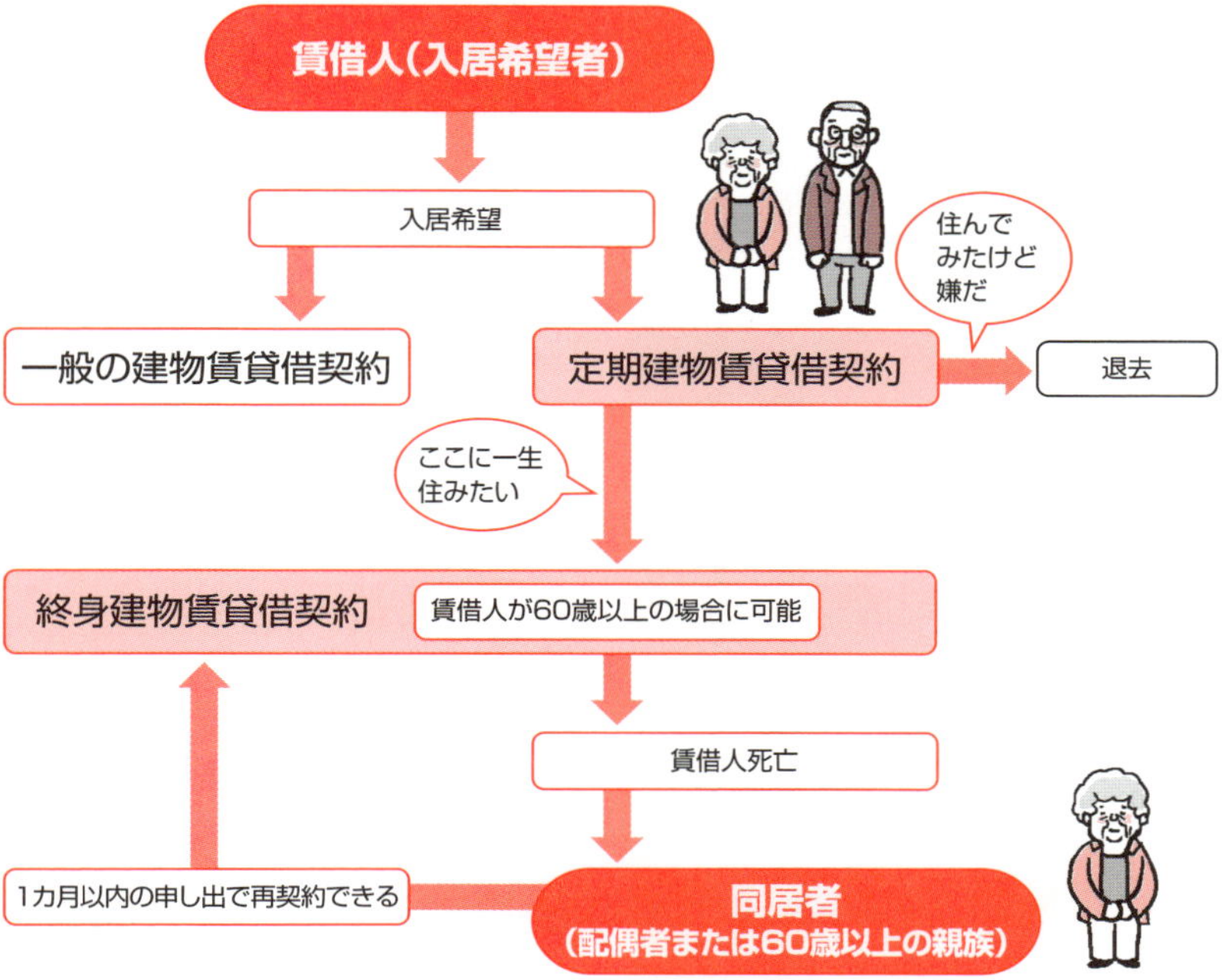

終身賃貸借事業の認可を受けるための加齢構造等にかかる基準（国土交通省令）

1. 床は原則として段差のない構造のものであること

2. 主たる廊下の幅は、78cm（柱の存する部分については、75cm）以上であること

3. 主たる居室の出入口の幅は75cm以上とし、浴室の出入口の幅は60cm以上であること

4. 浴室の短辺は130cm（一戸建ての住宅以外の住宅の用途に供する建築物内の住宅の浴室は120cm）以上とし、その面積は2㎡（一戸建ての住宅以外の住宅の用途に供する建築物内の住宅の浴室は1.8㎡）以上であること

5. 住戸内の階段の各部の寸法は、次の各式に適合するものであること
$T \geqq 19.5$　$R \div T \leqq 22 \div 21$　$55 \leqq T + 2R \leqq 65$　（T：踏み面寸法、R：けあげ寸法）

6. 主たる共用の階段の各部の寸法は、次の各式に適合するものであること
$T \geqq 24$　$55 \leqq T + 2R \leqq 65$

7. 便所、浴室および住戸内の階段には、手すりを設けること

8. 階数が3以上である共同住宅の用途に供する建築物には、原則として当該建築物の出入口のある階に停止するエレベーターを設置すること

9. その他国土交通大臣の定める基準に適合すること

2-6 介護保険事業等の併設サービスを立ち上げるには？

サ高住に併設するサービス事業については、サ高住の登録申請とは別に、そのサービス提供の根拠となる各制度に基づいた届け出が必要になることがあります。

例えば、診療所を開設するのであれば、医療法に基づいて、開設地域を管轄する都道府県もしくは保健所を設置する**市町村への届け出**が必要となります。

また、介護保険サービスの事業所を開設するのであれば、都道府県（あるいは市町村）による事業者指定（介護老人保健施設の場合は開設許可）を受けなければなりません。

同じ介護保険事業でも、リハビリ系サービス（通所リハビリなど）の場合は、設置主体が診療所や介護老人保健施設などに限定されるので、その届け出も併せて必要になります。

また、訪問介護や通所介護などの事業所開設を行う場合は、介護保険法に基づく届け出のほかに、老人福祉法による「老人居宅生活支援事業」の届け出も必要です（左ページ図参照）。

ここでは、サ高住の併設事業として最も多いパターンになると思われる介護保険サービスについて、説明していきます。

市町村への届け出
保険診療を行う場合は、加えて各地域の厚生局への届け出が必要。

■サ高住併設サービスを運営する際の「必要となる届け出」

1.診療所を開設する場合

①医療法に基づく開設届 →	・管轄する都道府県 ・保健所を設置する市町村
②保険診療を行う場合 →	・各地域の厚生局への届け出

2.介護保険事業所を開設する場合

①介護保険事業の指定をとる →	都道府県もしくは市町村へ届け出 (介護老人保健施設の場合は、「開設許可」)
②居宅系サービス※を行う場合 →	老人福祉法上の「老人居宅生活支援事業」の届け出を都道府県に行う

※居宅系サービス:訪問介護、通所介護、短期入所生活介護など(介護予防サービス含む)

サービスの種類や地域によって管轄する自治体が異なるケースも

まず、介護保険サービスのうちどのような事業を興すのかを決め、管轄する都道府県に相談しましょう。**地域密着型サービス**については、指定権限が市町村となります。

また、平成24年度の介護保険法改正により、都道府県が担ってきた居宅介護サービスの指定事務も、一部市町村に移譲されているケースもあります。自分の地域がどうなっているのかも含めて、まずは都道府県の介護保険担当部署に問い合わせてください。

なお、地域密着型サービスについては、公募による選定をとっているケースもあります。そのため、手がける事業が制度上の基準にのっとっているとしても、直ちに指定に至らないこともあるわけです。法人としての事業計画を大き

地域密着型サービス
認知症グループホーム(認知症対応型共同生活介護)や定期巡回・随時対応型訪問介護看護、地域密着型通所介護など。

く左右するので、このあたりについても事前にきちんと確認しておきましょう。

次に重要なのは、開設しようとしている事業について、主体となる法人格や設備・人員等の基準を満たすことができるかということです。これらの基準については、サービスごとに厚生労働省令で規定されています。

また、設置主体によっては「**みなし指定**」が行われるケースもあります。この場合、特に指定申請をする必要がありませんが、逆に、「みなし指定が行われているが、サービスは提供しない」というケースで、指定を不要とする申出書が必要になることもあります。

例えば、保険医療機関の指定等を受けた病院・診療所においては、訪問看護や訪問リハビリについて「みなし指定」がなされます。しかしながら、実際はこれらのサービスを提供しない場合、病院・診療所は先の「指定を不要とする申出」が求められるわけです。

申請後の審査をパスすれば、指定事業所番号が付与される

すべての基準等を満たすことができれば、各管轄自治体が示す様式の申請書に必要事項等を記入し、必要な添付書類を添えたうえで申請を行います。提出された申請書や添付書類等に不備があれば自治体から連絡が来ますので、その指示に従います。

申請後、管轄自治体による審査が行われ、基準を満たしている場合は「指定」の旨と指定事業所番号（報酬請求の際に必要となる）が記入された指令書が交付されます。

みなし指定
指定の対象となるサービスを制度施行前から行っている事業者について、申請をしなくても指定を受けたものとみなすこと。平成27年度改正で地域密着型に移行した小規模通所介護なども同様。

■介護保険事業を行うための「指定」申請について

1.まず、申請前に行政に相談を

- 指定権限が都道府県から市町村に移譲されている場合
- 地域密着型サービスの届け出を予定している場合

→ 市町村の介護保険担当窓口へ

- 上記以外の場合

→ 都道府県の介護保険担当前口へ

！ 病院、診療所が、訪問看護や訪問リハビリを行うなどの場合は、「みなし指定」がなされるので届け出は不要。逆に、これらのサービスを提供しない場合は「指定を不要とする申し出」が必要になる

2.指定のための「基準」を確認

①サービスごとの指定基準を確認する
- 設備基準、人員基準、運営基準など

②手がけようとしているサービスが、指定基準にマッチしているかどうかを確認する

！ 厚生労働省令によって定められたものを、事前に指定申請先の自治体のホームページよりダウンロードし、基準に合致できる実態を整えておく。地域密着型サービスについては、自治体によって「公募制」をとっているケースもあるので、その点を確認する

3.指定申請に必要な書類を揃える

①指定申請書（申請先の自治体のホームページよりダウンロード）
②指定申請書の付表（サービスにより様式が異なる）
③各種添付書類

！ **添付書類（全サービス共通）**

- 申請法人等の概要（申請法人の定款や登記事項証明など）
- 従業者の勤務体制および勤務形態一覧表（従事者の資格を証する書類も）
- 事業所の平面図・見取り図（設備等にかかる一覧も）
- 事業所の運営規定、利用者の苦情処理の概要など
- 誓約書、役員および管理者名簿など

ほか、サービスごとに必要な書類が異なるので要確認

POINT

- **サ高住に併設する事業によって、複数の届け出が必要な場合もあるので注意**
- **制度改正により、介護保険の指定権限が市町村に移譲されているケースも**

2-7 有利な補助金・融資①　サ高住整備事業の補助金

国は、高齢者等の住まい確保の円滑化を図るべく、スマートウェルネス住宅等推進事業により住宅整備に対する補助金を支給しています。その中で、サ高住の整備について実施されているのが「サービス付き高齢者向け住宅整備事業」です。年度ごとに交付申請期間が定められているので、継続的にチェックしておきましょう。

新築だけでなく、改修工事やその物件取得の費用も補助対象になる

補助額については、新築の場合と改修の場合で大きく2種類に分けられます。

まず新築の場合は、建設工事費の10分の1の額で、**補助金の上限**は120万円×戸数となります。**夫婦型サ高住**の場合は、上限額が135万円×戸数まで引き上げられます。

次に改修の場合は、①改修工事にかかる費用、②改修を目的とした住宅等の取得にかかる費用、③エレベーター設置工事にかかる費用（①には含まれない）に分類されます。

①の補助額は費用の3分の1以内、ただし増築の場合は10分の1以内となっており、上限は150万円×戸数で計算します。ただし、①の場合は補助対象となる工事内容が、「階

補助金の上限
自治体によっては、国の補助対象になっていることを条件として上乗せ補助を行なうケースも。

夫婦型サ高住
この場合、住戸部分の床面積が30㎡以上であることや、住戸部分にトイレ、浴室、台所などの基本設備がすべて設置されていることが条件となる。

段室型の共同住宅を活用し、新たに共用廊下を設置すること」、「既存の建物を活用し、サ高住整備のために建築基準法、消防法（スプリンクラー設置など）、バリアフリー法等の法令に適合させるための工事」に限定されるのでご注意を。

②については、用地部分を除く住宅取得費用のうち、10分の1以内が補助されます。上限は①の補助額と合わせて「住宅部分に係る補助金の額の上限」とされます。注意したいのは、改修工事（77ページ参照）を伴う場合にのみ補助対象となる点です。単に「取得」しただけでは、補助を受けることはできません。

③は、新規設置工事費（増築部分を除く）の3分の2以内で、上限は1000万円×エレベーターの基数となります。

ちなみに、補助対象となる工事費の中

■サービス付き高齢者向け住宅整備事業の補助金の概要

補助金支給の要件

- 工事着工前に「サービス付き高齢者向け住宅」として登録を完了していること
- サービス付き高齢者向け住宅として10年以上登録するものであること
- 入居者の家賃の額が、近傍同種の住宅の家賃の額と均衡を失していないこと
- 入居者からの家賃等の徴収方法が、前払いに限定されていないものであること
- 平成28年4月1日以降に交付申請する場合は、地元市区町村に意見聴取を行い、地元市区町村のまちづくりに支障を及ぼさないと認められるものであること
- 事業に要する資金の調達が確実（融資の内諾を受けているなど）であること

補助率

住宅

新築

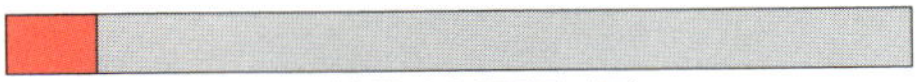

建設工事費の1／10（上限 120万円／戸）

改修

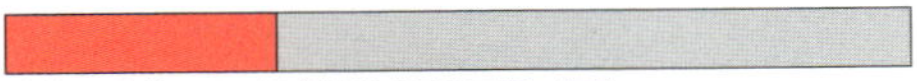

改修工事費の1／3（上限 150万円／戸）

建築基準法、消防法（スプリンクラー設置など）、バリアフリー法等の法令に適合させるための工事などに限定されるので注意

高齢者生活支援施設

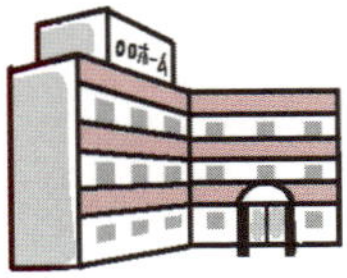

新築

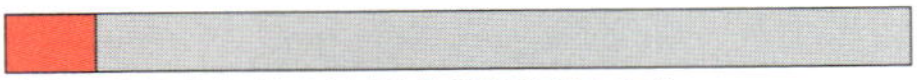

建設工事費の1／10（上限 1,000万円／戸）

改修

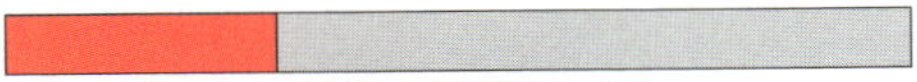

改修工事費の1／3（上限 1,000万円／戸）

高齢者生活支援施設を合築する場合は、新築・改修費にも補助

なお、小規模多機能型居宅介護（看護含む）や短期入所生活介護・療養介護を併設する場合には、上限を1,200万円に引き上げ

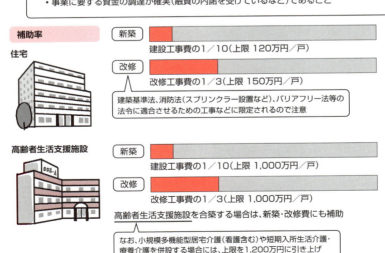

には、調査費や設計費、宅地造成費などは含まれていません。また、家具、家電、カーテンなど、本来であれば入居者等が設置することが妥当というものについても、補助対象から外されるのでこれも注意してください。

消費税については、それを含めた費用まで補助対象となりますが、仕入税額控除の申告を行っている場合は消費税部分は補助されない点も心得ておきましょう。

サ高住の登録実績だけではダメ。上乗せされる要件もある

この補助金を受けるためには、サ高住の登録を行っている以外にもいくつかの要件をクリアしなければなりません。

第1に、「10年以上サ高住としての登録を継続する」という点です。サ高住の登録は5年ごとに更新が必要ですが、最低でも2回の更新を予定しなければならないわけです。仮に10年に満たずに登録・運営が中止された場合には、補助金返還の対象になることもあるので、継続性をしっかり意識しましょう。

第2に「入居者の家賃の額が、近郊の同種住宅の家賃の額と均衡を逸しない」ことが求められます。具体的には、近隣の同種住宅を少なくとも3件はピックアップし、その床面積あたりの家賃の平均を大きく上回らない家賃設定がなされていることが必要です。また、この家賃の徴収方法が前払いに限定されていないことも要件

POINT

- 改修費の補助については、対象にいくつかの条件あり。適合しているかチェック
- 10年以上の事業継続や近隣との家賃均衡など、多様な要件との照合をまず行う

となります。

さらに、平成28年4月1日から、交付申請する場合は、原則として地元市区町村に意見聴取を行い、地元市区町村のまちづくりに支障を及ぼさないと認められるものであることなどが必要となるので注意しましょう（※）。

以上の要件がクリアできていれば、サービス付き高齢者向け住宅整備事業のホームページから申請書をダウンロードし、サ高住の登録通知の写しや申請建物の配置図・平面図などの添付書類を添えて、整備事業の事務局に申請します。

審査の結果、整備事業の要件に適合していることが確認されたら補助決定がなされ、対象物件の竣工の後に、現地調査等が行われたうえで補助額が決定します。

全体のフローについては、82ページの図を参照してください。

■改修工事にかかる要件と注意点

要件

改修工事を行う場合は以下の全ての要件を満たす必要があります

①次のいずれかの要件に適合していること
- 交付申請時に入居者がいないこと、空家であり、利用されていないこと
（交付申請時に一時的に入居者に移転させることも不可とする）
- 交付申請時に入居者がいる場合にあっては、改修工事の実施について、入居者の同意を得ていること

②改修を行う住宅等が、昭和56年6月1日以降に着工した建築物であること。ただし、本事業の補助を受けて行う改修工事において耐震改修工事を実施する場合又は既に地震に対する安全性に係る建築基準法又はこれに基づく命令若しくは条例の規定に適合することが確認されてる間合いについてはこの限りではない

注意点

改修工事を行う場合は以下の点に注意してください

①国からの整備費にかかる補助金を重複して受領しないこと
②1フロアのうち一部を改修する場合も本事業の補助対象となるが、その場合は1フロア全体に係る図面等を提出すること
③現状から床面積が増える場合、増築を行う部分については、サービス付き高齢者向け住宅及び高齢　者生活支援施設の建設工事費の1／10以内の額として補助額の計算を行うこと
④工事着手前に改修を行う住宅の写真（外観・内観）を撮影し、完了実績報告において、改修前後を比較対照できるよう準備すること

※立地する市区町村で意見聴取が必要か否かについては、整備事業のHPでチェックを

2-8 有利な補助金・融資② サ高住整備以外の国の住宅推進事業もチェックを

高齢者、障害者、子育て世帯等の多様な世帯が安心して健康に暮らすことができる住環境を、スマートウェルネス住宅といいます。国は、このスマートウェルネス住宅等を推進するための事業を行なっています。前項のサ高住整備事業もその一つです。

ここでは、その他のスマートウェルネス事業を取り上げましょう。事業内容は大きく2つに分かれています。1つは、スマートウェルネス拠点整備事業で、住宅団地等における福祉施設の整備促進のため、その整備費に対して支援を実施するもの。もう1つは、スマートウェルネス住宅等推進モデル事業といい、高齢者等の居住の安定確保、および健康の維持・増進に資する先駆的な事業を選定したうえで、その費用を支援するものです。

自治体との連携で「スマートウェルネス計画」に位置づけ

まず、前者のスマートウェルネス拠点整備事業ですが、事業の主な要件としては以下のようになります。①住宅団地等の戸数が100戸以上であること（公営住宅やサ高住を含む**地域優良賃貸住宅**等については100戸未満でも対象）。②自治体と連携して**「スマー**

スマートウェルネス計画
住宅団地等の管理者が、自治体と連携して定めるもので、①地域における高齢者等の居住の安定確保、地域住民の健康維持と増進、多様な世代の交流促進、地域コミュニティ活動の活性化等に関する方針、②拠点施設に関する事項、③生活支援・多世代交流活動に関する事項が盛り込まれている。

■スマートウェルネス拠点整備事業のイメージ

住宅団地の場合

- 公営住宅、UR団地、公社団地等の住宅団地
- 住宅団地内の住戸数が約100戸以上
- 建て替え等による余剰地や1階の空き
  スペース等に、拠点施設を整備

一般の住宅地の場合

- 戸建て住宅地など。一般の住宅地など
- 区域内の住戸数が約100戸以上
- 空き地や既存の空き家等の改修により、
  拠点施設を整備

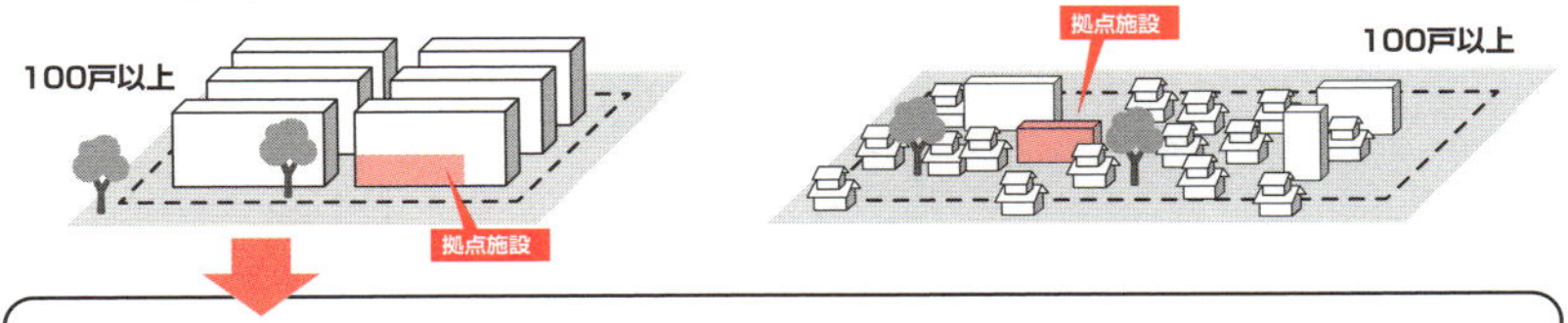

地域優良賃貸住宅であるサ高住なら、スマートウェルネス計画に位置づけられることを要件として、100戸未満でも拠点整備事業が可能に

トウェルネス計画」が定められ、整備する施設がその計画に位置づけられていることです。

つまり、スマートウェルネス計画に則ったサ高住であれば、100戸という大規模でなくても事業の対象となる可能性があるわけです。

なお、政府が進めている**「生涯活躍のまち」構想**にかかるものについての要件は以下のとおりです。①住宅団地等における「高齢者向け住宅」の戸数が30戸以上であること。②市町村が策定する「生涯活躍のまち形成事業計画」の区域内に存することとなります。

整備対象となる拠点施設は、①高齢者生活支援施設、②障害者福祉施設、③子育て支援施設、④その他の施設（交流施設など）となっています。サ高住と関係深いのは①ですが、具体的には診療所、訪問介護事業所、通所介護事業所、居宅介護支援事業所などとなります。

これらの拠点整備に対し、建設、改修、買取

地域優良賃貸住宅
平成23年の改正高齢者住まい法の施行にともない、地域の高齢者向け優良賃貸住宅は、サービス付き高齢者向け住宅として一本化された。

「生涯活躍のまち」構想
平成27年12月に政府の日本版CCRC構想有識者会議が取りまとめた構想で、「東京圏をはじめとする地域の高齢者が、希望に応じて地方や街中に移り住み、多世代と交流しながら健康でアクティブな生活をおくり、必要に応じて介護や医療を受けることができるような地域づくり」を目指したもの。

りにかかる費用が補助されるわけですが、補助率は３分の１、１施設あたり１０００万円が上限となります。

モデル事業は、整備後の実績などの公開が原則

もう1つのスマートウェルネス住宅等推進モデル事業ですが、大きく分けると一般部門と特定部門に分かれます。特定部門は、住宅関係者が主体となった省エネルギー改修工事などが対象となるので、ここでは一般部門についてふれましょう。

対象事業は３つ。①住宅並びに高齢者等の居住の安定確保、健康の維持・増進に資する施設の整備、②先導的な提案に係る居住実験・社会実験など、③展示用住宅の整備、展示用模型の作成、その他の情報提供及び普及となります。①〜③を組み合わせてもＯＫです。

補助内容は、①を例にあげれば、住宅及び高齢者の交流施設等の整備費（補助率は新築で10分の1、改修で3分の2）で、特筆すべきは、サ高住整備事業では含まれなかった設計費に対しても3分の2が補助されます。もう1つ注目しておきたいのが融資制度です。これは、住宅金融支援機構を窓口として、サ高住建設の際の工事費や設計費、土地取得費などの用途を対象としたものです。詳細については、次ページの融資の概要や住宅金融支援機構のホームページを確認してください。

POINT

- サ高住整備以外の2つのスマートウェルネス事業もチェックしておきたい
- サ高住建設のための融資制度にも注目。保証人不要のケースもあり

■住宅金融支援機構が実施するサ高住融資の概要

融資対象となる建設事業費

建設費	建設主体工事費、電気工事費、給排水衛生工事費等の本体工事費及び屋外附帯設備工事費、既存建物の除却工事費、設計費、土地取得費　等
諸経費	融資保証料、火災保険料、地震保険料、登記手数料、工事期間中の民間つなぎ融資の利息　等

※運転資金（入居者及びスタッフの募集に関する費用、人件費等）は融資対象外です
※機構融資額と補助金の合計額は、上記の融資対象となる建設事業費の合計額以下であることが必要です

融資の対象となる賃貸住宅のおもな条件

①高齢者の居住の安定確保に関する法律第５条第１項に規定するサ高住としての登録を受ける賃貸住宅であること

賃貸借契約による住宅に限る
借入期間中は５年ごとの登録の更新が必要

②融資対象となる賃貸住宅部分の延べ面積が200㎡以上であること
③敷地面積が165㎡以上であること
④その他機構が定める技術基準に適合すること

おもな融資の条件

資金使途	サービス付き高齢者向け賃貸住宅の建設資金、改良資金 サービス付き高齢者向け賃貸住宅とすることを目的とする中古住宅購入資金
借入額	借入れの対象となる事業費の100％以内（10万円単位）
借入金利	35年固定金利　または15年固定金利
返済方法	元利均等毎月払い　または元金均等毎月払い
返済期間	35年以内（１年単位）
担保	借入れの対象となる建物と土地に、機構のための第１順位の抵当権を設定
連帯保証人	一般住宅型の場合は必要　　施設共用型の場合は不要

サ高住整備事業の補助金応募から「事業対象」の選定までの流れ

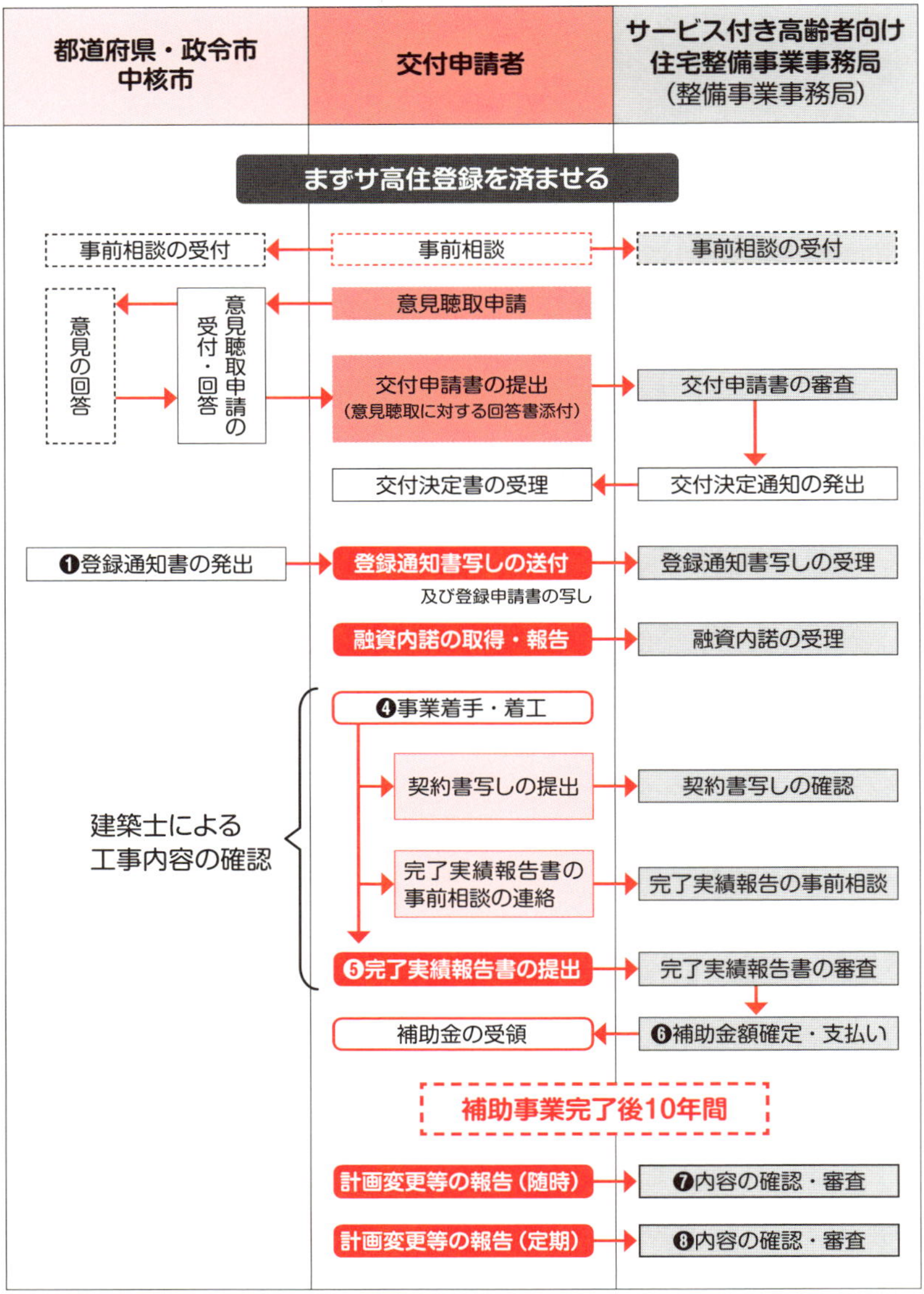

※交付申請の前に原則として市区町村への意見聴取が必要に（詳細は市区町村に確認を）

第3章

地域密着を図るための
サービスのつくり方

3-1 入居者を確保するためのサービスとは？

平成28年5月に、サ高住登録数は20万戸を突破しました。国交省は平成26年9月から「サ高住の整備等のあり方に関する検討会」を開催し、そのとりまとめでも**政府目標**の達成に向けて「順調に供給が進んでいる」と述べています。一方で、供給目標だけでなく、入居者にとっての老後の安心が十分に確保できているかどうかという検証も必要です。

入居者にとって安心して住めるかどうかは、ハード面の住環境もさることながら、そこで提供されるサービスがポイントになります。例えば、「**安否確認**は具体的にどのような形で、どれくらいの頻度で行ってくれるのか」「生活相談というが、本当に何でも相談に乗ってくれるのか」といった具合です。

家賃のほかにサービス費用もかかる中で、具体的にサービスのイメージを伝えることができなければ、入居者の信頼を得ることはできません。また、併設事業によって介護サービスなどを提供する場合、その質はどうなっているのかをアピールすることも重要です。

高齢の入居者ならではの、困りごとや不安事の特徴がある

政府目標

政府目標では、団塊世代が全員75歳以上を迎える2025（平成37）年までに、サ高住を含めた高齢者向け住宅の整備数を高齢者人口の4％まで引き上げるとしている。推計値をもとにすれば約146万人分となる。

■高齢者に生じがちな悩み、相談

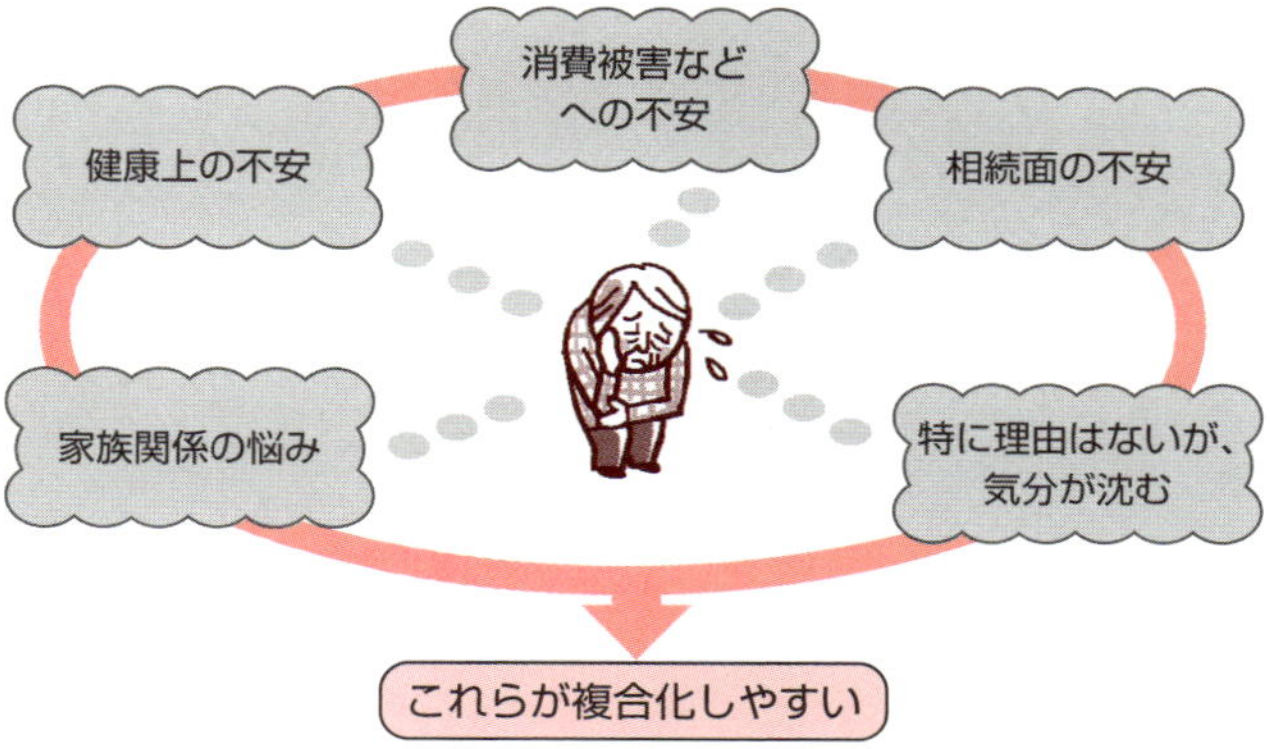

重要なことは、入居者が望むであろうサービスを的確に把握することです。

既存のサ高住や旧制度の高専賃、住宅型有料ホームをいくつか**見学**して、「この程度の対応をしていれば大丈夫」と判断していては、大きなリスクを招きかねません。

高齢者の日常的な困りごとや不安の源というのは、いくつか特徴があります。

例えば、①地域性や個別性が強いこと、②高齢者は状態像などの変化が激しいため、時間経過によるニーズ変動も激しいこと、③高齢者の心身の状況を考えれば、ちょっとしたきっかけで「最悪の事態」に移行するケースもあること——などが挙げられます。

こうした特徴に対して、十分な備えをせず、その都度ゼロベースから対応していては、リスク管理が追い付きません。現状のサ高住の中には、安否確認や相談援助などを外部事業者に丸

安否確認
法令上は「状況把握サービス」といい、平成27年度からの改正省令施行により、毎日1回以上提供することが求められる（その具体的内容についても登録が必要）。また、有資格者が常駐していない日でもサービス提供は必要となる。

見学
可能であれば、体験宿泊をしてみるとよい（108ページ参照）。

投げし、肝心の設立者がほとんどタッチしない状況も見受けられます。

設立直後はまだいいでしょう。しかし、例えば、②のような状況が発生するようになったとき、設立者が前面に出てこない中では、**サービスとニーズとのズレ**は少しずつ入居者の中に蓄積します。そして、ちょっとしたきっかけでたまったマグマが噴出するように、不満や苦情などが一気に表に出てくる可能性があります。

その点を考えたとき、サービスについて慎重に運営フローを築くことが求められます。

入居者の生活像を具体的にシミュレーションすることから始める

サービスの運営フローを築くうえで、基本となるのは、入居者の生活像をできるだけ具体的にシミュレーションすることです。住宅ビジネスにおいては、ともするとハード面のメンテナンスと、管理・運営にかかる人件費コストの効率化という視点が強調されがちです。確かに、事業継続という点では欠かせない要素といえるでしょう。

しかしながら、サ高住の場合は、入居者が高齢者であるゆえの「生活状況の変動」が大きいという点もポイントです。国が、地域包括ケアというビジョンのもと、施設に代わる重度者の受け皿としてのサ高住も想定しているのであれば、なおさらです。

では、具体的に入居者の生活をどのようにシミュレーションし、サービス構築へと活かしていくのか。その流れを次に考えていきましょう。

サービスとニーズとのズレ
まさに、かつて有料老人ホームが急増した後、しばらくして劣悪なホームへの不満が爆発した状況に似ている。サ高住の場合、いざというときの返還債務の保全体制が整っているとはいえ、ひとたび大きなトラブルが起これば、訴訟問題などにもさらされかねない。

■高齢者の「困りごと」の特徴

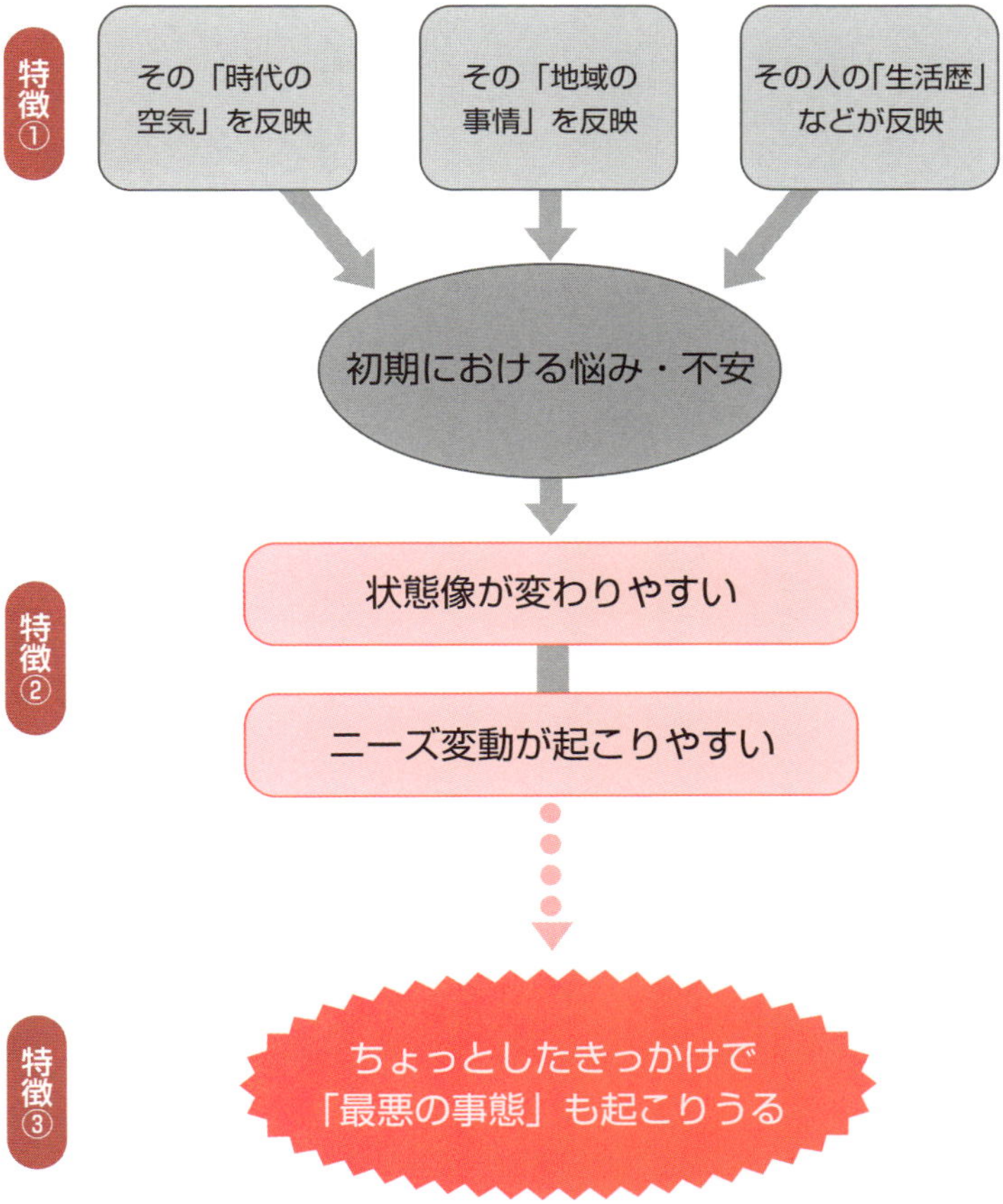

POINT

- 入居者状況の地域性や個別性、時間経過による変動の大きさを認識する
- ハード面のメンテナンス、人件費コストの効率化だけではサ高住運営はできない

3-2 入居者の具体的な生活像からサービスを導く

サ高住の入居要件は、原則として①60歳以上の者、または②**要介護・要支援認定**を受けている者、③**同居人**も配偶者以外は①または②を満たす親族に限られる、となっています。こうした人々が、日常生活においてどのような不安を抱えがちなのか。まず、それを把握しましょう。

「将来への備え」と「今の生活の充実」がニーズに同居

平成27年の高齢社会白書によれば、60歳以上の人のお金の使い方として、生活や趣味、子どもや孫への支出よりも「健康維持や医療・介護のための支出」を優先するというデータがあります。また、貯蓄の目的も「病気・介護への備え」が6割を占めています。

一方で、60歳以上の人の場合、「貯蓄や将来への備え」よりも「現在の生活を充実させて楽しむ」ことを重視する人が8割近くに及び、その傾向は近年一気に高まっています。

一見、矛盾する傾向のようですが、当事者の中では両者の意向が同居しているととらえる方が自然でしょう。つまり、1つの相談事が生じたとき、そこには「今の生活を充実さ

要介護・要支援認定
要介護、要支援を合わせた認定者数は、平成28年5月末現在で約622万人にのぼる。サ高住の登録制度が始まった年度と比較して、100万人以上増加している。

同居人
入居者が病気にかかっているなど特別な事情があり入居者と同居させることが必要だと都道府県知事が認める者も、同居人として認められている。

せるためのアドバイス」と同時に「そこにひそむリスクを整理してほしい」というニーズが同時に含まれているととらえることが重要になるわけです。

となれば、①絡み合ったニーズを上手に整理し、②各ニーズを叶える社会資源へと適切につなぎ、③その結果をわかりやすくリターンする、というノウハウが必要になります。

これは社会福祉士などがスキルとして身に付けるソーシャルワークの領域であり、相談援助サービスを手がける際の「事業所としての標準的なスキル」とする必要があります。と同時に、②の「つなぎ」をスムーズに進めるうえでは、「つなぐ」先の社会資源との連携をいつでもとれる体制整備が欠かせません。サ高住の運営者としては、地域の社会資源とのネットワークを常に築き、現場をフォローするしくみをつくる必要があるわけです。

■入居者の悩み・不安への対応の基本

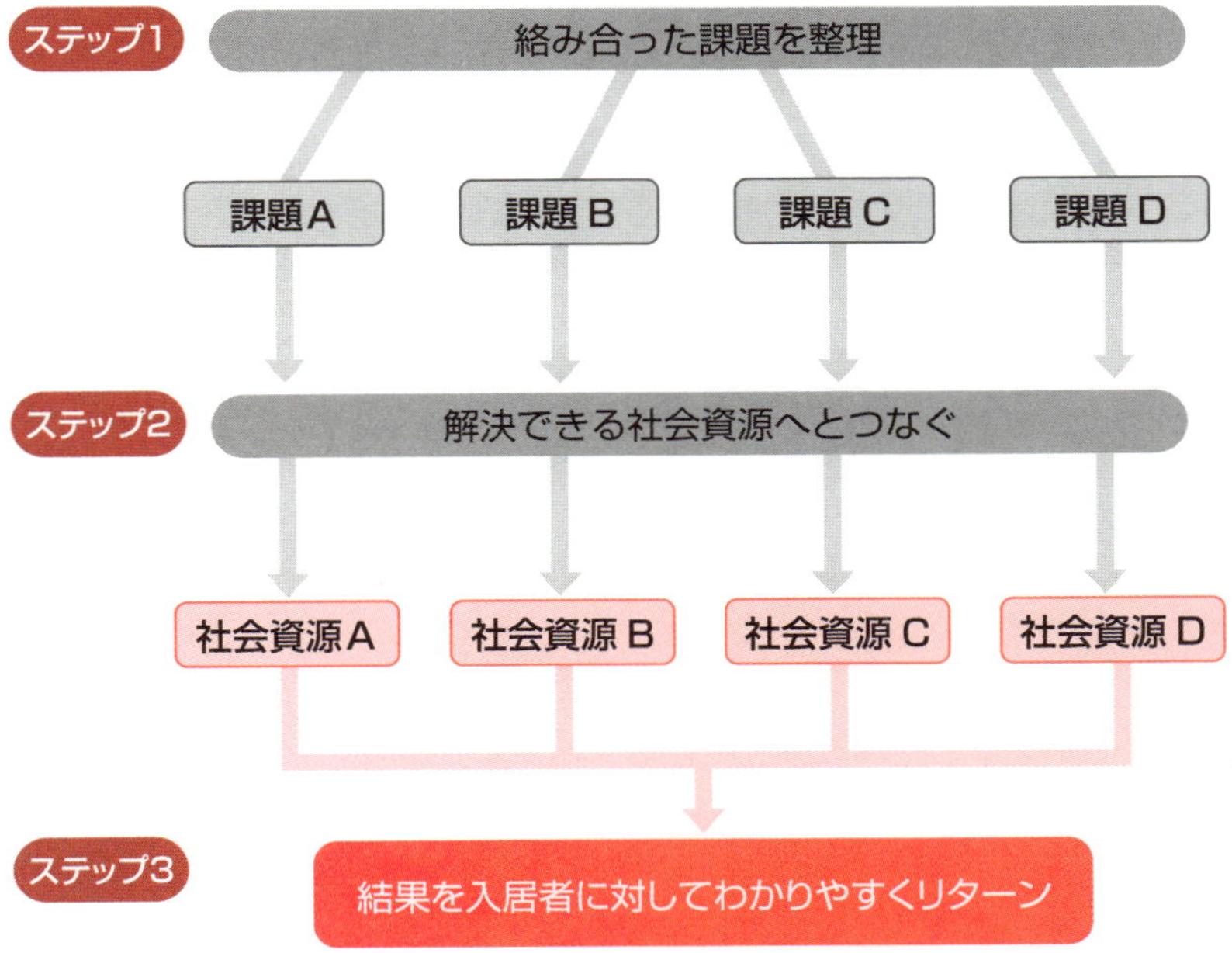

地域の「交通アクセス」の不備がネックになることも

もう1つ頭に入れておきたい点は、高齢の入居者にとって、「地域における困りごと」の対象にはいくつかの傾向があることです。平成22年に内閣府が行なった調査に、「地域における不便な点」を尋ねた項目があります。

それによれば、近年目立つ項目として、「日常の買い物が不便」「病院等への通院が不便」「交通機関が高齢者には使いにくい」などが挙がっています。つまり、日常生活上に必要な社会資源へのアクセスが難しいという悩みが目立っているわけです。

当然、相談援助サービスへの訴えとして多くなると予想されるのが、例えば**「買い物代行の依頼」や「通院等にかかる送迎依頼」**ということになるでしょう。

ここでも、あらかじめ発生しうるニーズを把握したうえで、経営の持続可能性をおびやかすリスクが軽減できるよう、きちんと管理をしていかなければなりません。

昨今は、大手流通業者による移動販売車が、地域の集会所などの拠点を巡るというサービスも見られます。サ高住の一角にサロン拠点などを設け、業者との交渉によって販売車が立ち寄れる環境を整備すれば、そこで一定の買い物ニーズを叶えることも可能でしょう。

また、在宅療養支援診療所などを併設すれば、訪問診療等によって通院ニーズに対応する展望も見えてきます。こうしてニーズからの逆算でサービスを整えていくわけです。

「買い物代行の依頼」や「通院等にかかる送迎依頼」

サ高住の中には、こうしたサービスについて、その都度、別途料金を負担してもらうことで対応しているケースも見られる。とはいえ、そのためには相応に対応できる人員や車両等の確保、有償移送サービスを行うための届け出など、様々な事前準備が必要になる。

■レジャーより健康にお金をかけたいが……

優先的にお金を使いたいと考えているもの（60歳代以上）

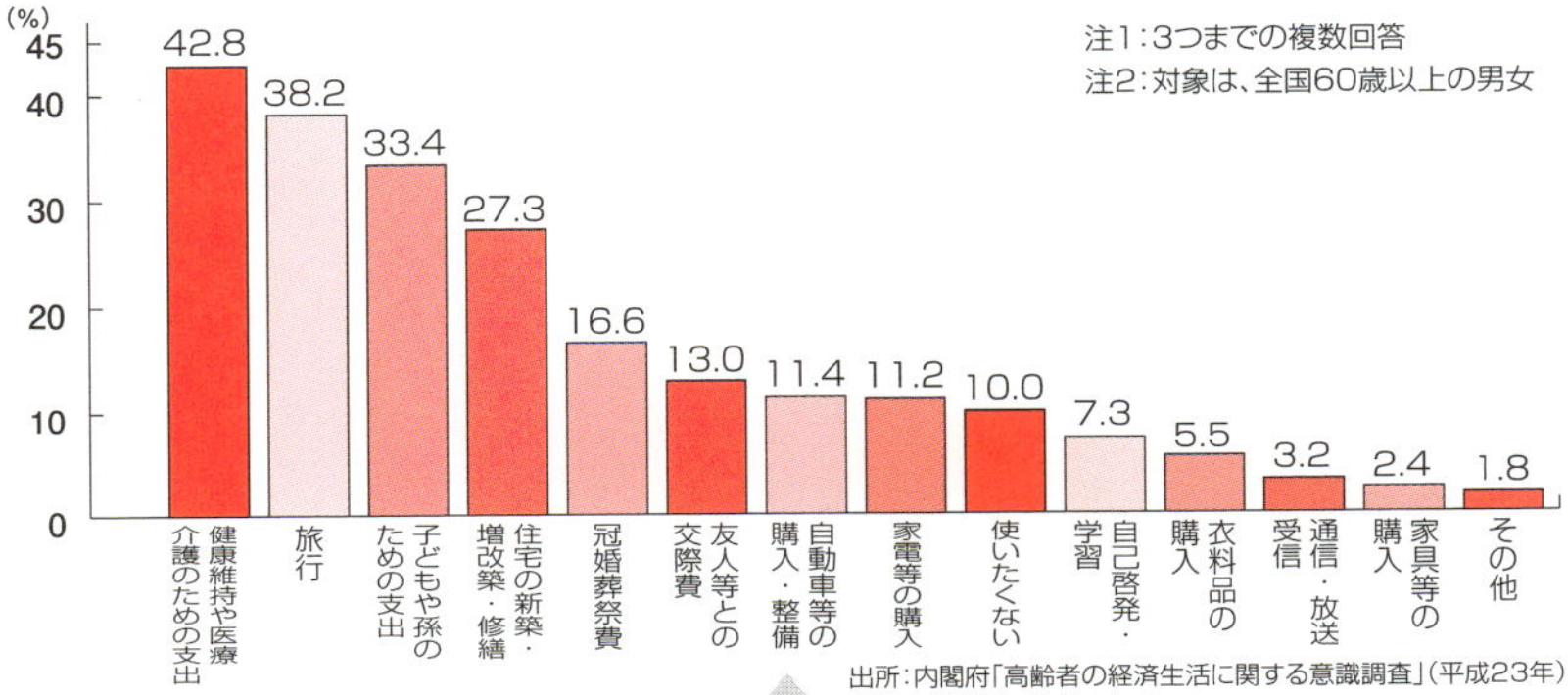

出所：内閣府「高齢者の経済生活に関する意識調査」（平成23年）

一見、矛盾する2つのデータだが、これらが「同居」していると受け取りたい

生活を充実させて楽しむことを重視する人の割合

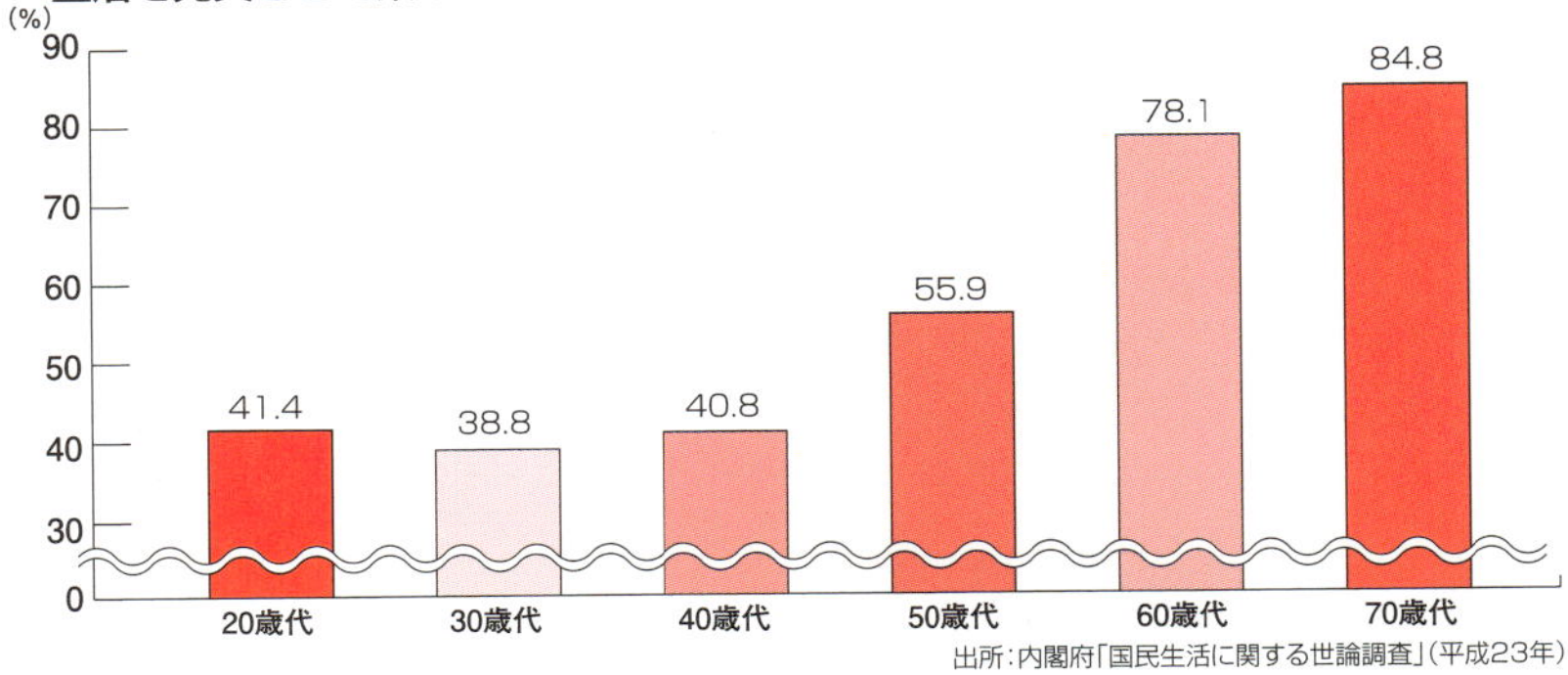

出所：内閣府「国民生活に関する世論調査」（平成23年）

POINT

- ●安否確認・相談援助にも、ソーシャルワーク的スキルが必要になる時代
- ●地域の「移動」課題を解消するためのノウハウを蓄積することも重要に

3-3 「安否確認・相談援助」のプラスαをどこまで考えるか？

現在まで設立されているサ高住の例を見ると、安否確認や相談援助のほかに想定されているサービスとして、「食事提供のサービス」「洗濯、掃除などの家事援助サービス」「健康管理についてのサービス」などが目立ちます。

このプラスα部分のサービスは、もともと**国が示す有料老人ホームの定義**に含まれているものです。

確かに、高齢者の1人暮らしにおいては、上位にくるニーズに基づいているものではあります。しかしながら、単に国が想定しているニーズだからというだけで、先のようなサービス設定を行うという発想は見直した方がよいでしょう。

前項で述べたように、入居者の地域性や時代性、個別性に基づくニーズを精査していったとき、「ほかに優先されるべきサービスはないか」、あるいは「食事提供等を行うとしても、どのようなスタイルで行うのか」といった掘り下げが求められます。

「食事提供」「健康管理」 1つとっても様々なやり方がある

国が示す有料老人ホームの定義
国が法改正の審議に際して示した資料では、サ高住における高齢者生活支援サービスの一例としても「食事提供」や「清掃、洗濯等」を挙げている。

例えば、「食事提供」を行うとして、共有スペースにおける提供というスタイルが多いことでしょう。しかしながら、仮に「居室で食事をとりたい」というニーズが多数であった場合、各戸に配食を行うのか、冷めても温め直せるように電子レンジなどを各戸に配置するのか、配食のための保温ワゴンなどを用いるのかなどが課題となります。

さらには、配食に際して各居室内での配下膳まで行うのか。配食時間のリクエストをどこまで受け付けるか。その際に、一定のマニュアルに沿った安否確認などを兼ねるのか。ほかにも、配食メニュー自体のリクエスト（本人の健康状態に合わせた食材・調理の内容を含む）にどこまで応えるのか——様々なしくみを想定することが求められます。

改正法前から運営している高齢者向け住宅の中には、入居者のリクエストに応え、1週間に

■国が示している「サ高住」におけるサービスのイメージ

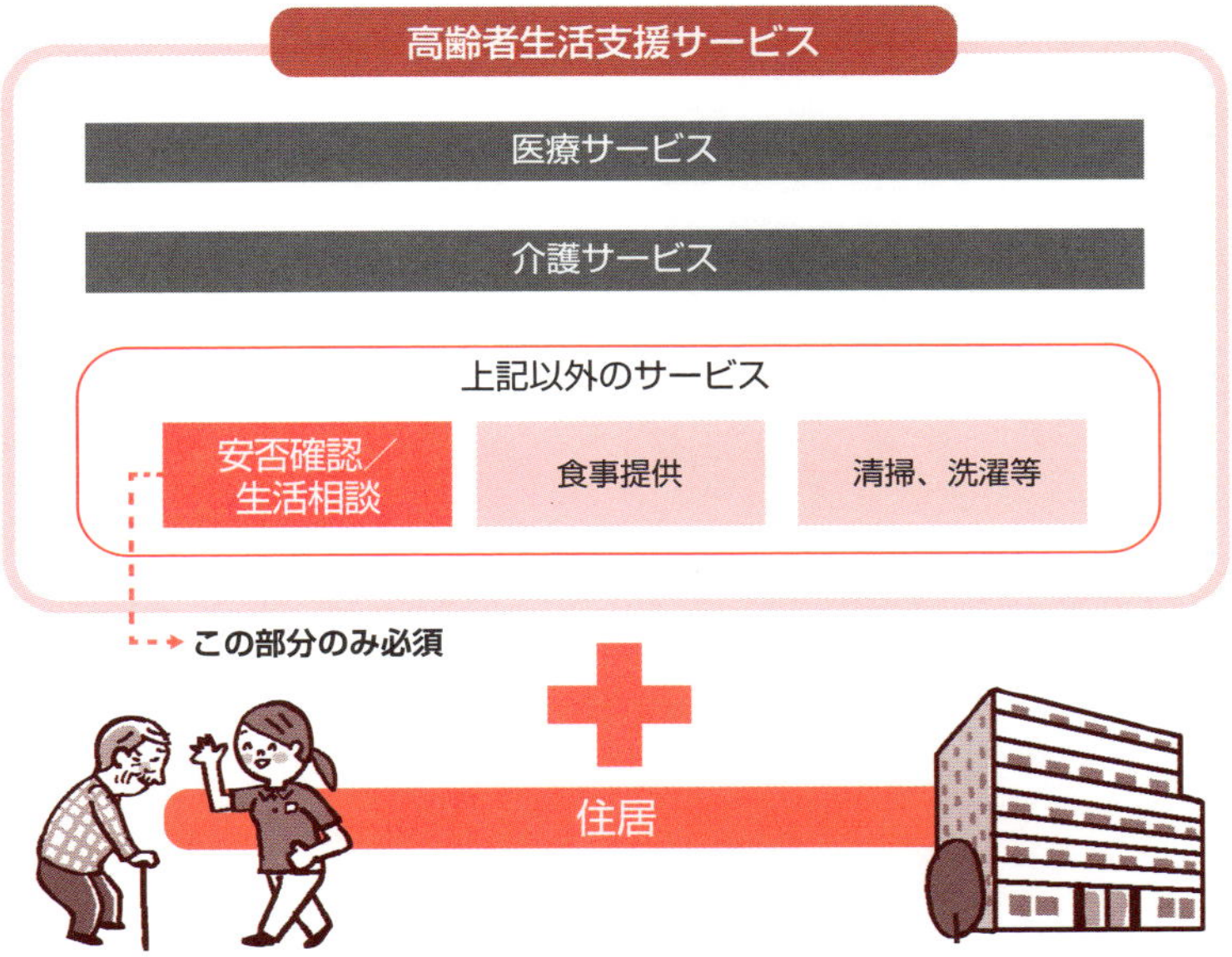

一度、夕食終了後に共有スペースで「居酒屋」を運営する光景がありました。

「健康管理」については、併設診療所などから看護師が各居室に出向き、バイタルチェックを行うスタイルがあります。また、日中の決まった時間、併設サロンに看護師や保健師が常駐し、サロンに赴いた人に対して健康管理サービスを提供するやり方もあります。

昨今は、民間で健康診断サービスを行う事業者も増えていますが、入居者以外の人でも実費で健康管理サービスを提供するスペースを設けるというやり方も考えられます。その場合、「健康管理」を行うサロンが、入居者と地域の人との交流の場という役割も果たすわけです。このあたりも、**地域事情**に応じて、柔軟に考えていくべきでしょう。

地域で支持される「社会資源」にサービスのヒントがある

こうした多様なスタイルを模索するうえでは、地域の社会資源に目を凝らすことが求められます。ある地域では歯科医師会の熱心な取り組みにより、日常生活圏域ごとの公民館などに地域の歯科医師や歯科衛生士が派遣され、「口腔ケア」や「入れ歯の状態をチェックする」などの催しを行い、毎回盛況の様子です。

盛況になるということは、そこには必ず地域の根強いニーズがあり、同時にそれを上手に組み上げる主催者側のノウハウがあるはずです。それらに注目しつつ、自らのサ高住でも応用していくことはできないか。そうした思考を習慣づけたいものです。

地域事情
例えば、入居者自身がもともと地域の住人で、その地域に住む古くからの知人との交流も望んでいるなどが挙げられる。

■サービスの具体的な中身を掘り下げる

例　**食事提供**

内部調理か？
外部委託か？
コスト設定は？

どこで
提供するのか？

- 共有の食堂？
- 居室での食事も可能に？

この場合、
各戸に配食するのか？
- 保温体制は？
- 各戸に電子レンジを備えつける？
- 各戸配食のリクエスト受付は？

何を
提供するのか？

- メニューバリエーションは？
- 個別対応はどこまで？

この場合の
対応方法は？
- 栄養士がメニュー開発を行うしくみに？
- 料金設定はどれくらい？
- 時間外の特別メニューにも対応？

POINT

- **サ高住で「定番」となるサービスも、やり方次第で価値観の差が生まれてくる**
- **地域事情によって、「地域開放型」のサービスの方がなじみやすい場合も**

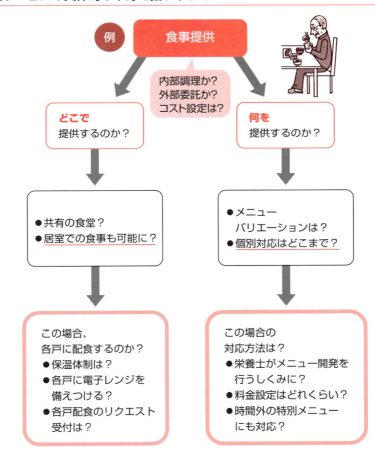

3-4 付加価値の高いサービスを生むための基本は「人づくり」

どのようなサービスを設定するかにかかわらず、基本となるのは「人づくり」です。

本章の冒頭で述べたように、最低限のサービスとなる毎日1回以上の安否確認・相談援助においては、**複雑な課題を整理**し、適切な社会資源につなげる能力――ソーシャルワーク力が求められます。ソーシャルワーク力というと社会福祉士やケアマネジャーの業務領域と思われがちですが、登録基準で掲げられているその他の専門職にも必ず求められます。

人材のソーシャルワーク力を鍛える3つのポイント

例えば、介護職員初任者級研修の修了者であれば、安否確認・相談援助を行う人材としては、登録基準を満たしています。しかしながら、初任者研修を終了した人材というのは、直接援助や利用者の話を聞くというスキルはあっても、「課題整理・分析」「社会資源との連携」について専門的な訓練を積んでいるケースはまれといえます。

ほかに社会福祉士が常駐し、初任者研修を終了した人材から利用者の報告を受けて動くという運営形態をとるケースもあるでしょう。その場合も、最初に「その人の本当の課題

複雑な課題を整理
入居者の相談を「わがまま」ととらえたり、すぐに「解決は難しい」とあきらめさせるような事例が積み重なっていくと、現場スタッフの間に投げやりな雰囲気が漂ってしまうので留意したい。

■サ高住のサービスにおいて必要なソーシャルワーク力

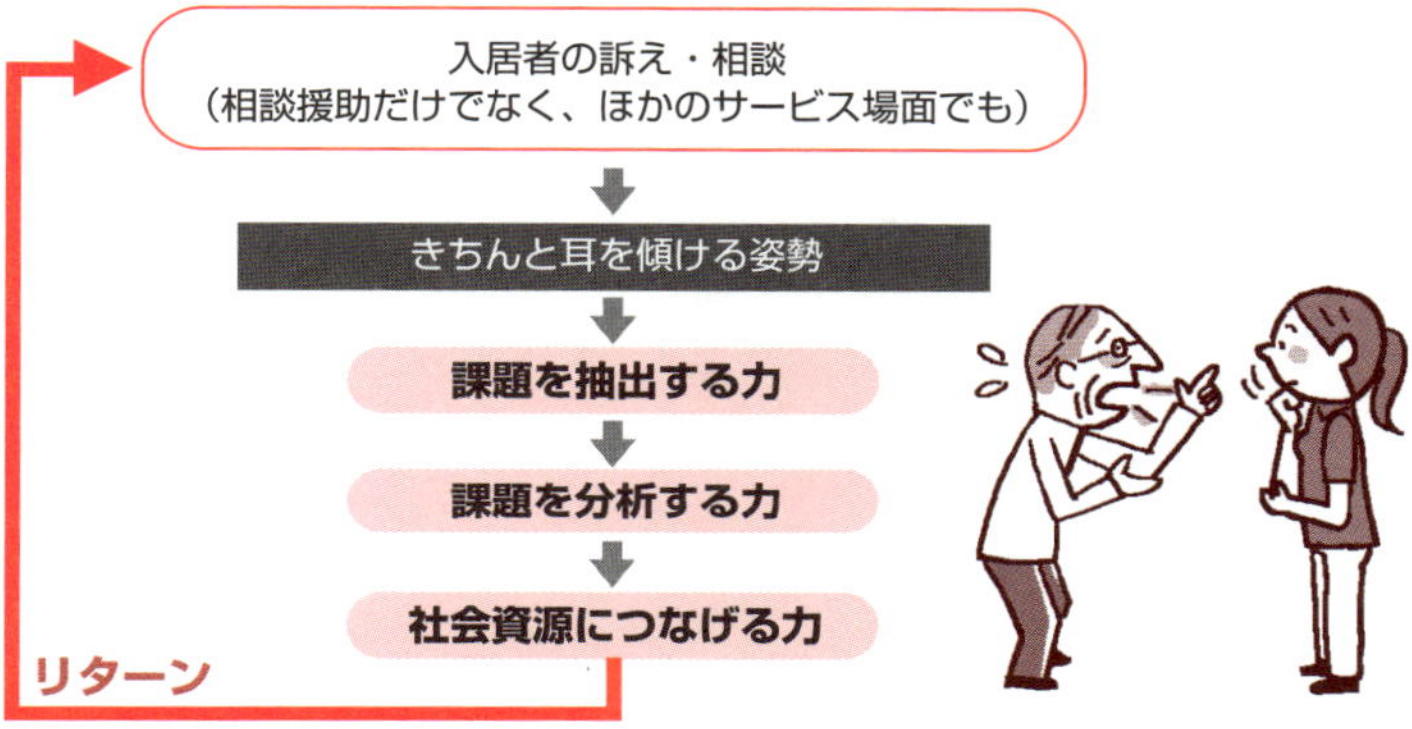

がどこにあるか」を意識しながら話を聞けるかどうかなどのマネジメントスキルは必要で、その後に組織内で的確な情報を共有していくうえで必ずカギとなります。

そこで、基本的なソーシャルワークスキルを**鍛えるための訓練**を事前に行いましょう。ポイントとしては、以下の3つをまず挙げることができます。

①表に出ている「訴え」だけにこだわらず、前後の状況や言葉・行動によらないことなどを「面」でとらえる能力を身に付ける。②表の「訴え」に応えるだけではなく、根本的に解決すべき課題はどこにあるのか、その解決の優先順位はどうなっているのかを頭に描く習慣を培う。③それぞれの課題について、「誰（どの社会資源）に、どのように委ねればいいのか」という流れを頭に描けるようにする――というものです。

鍛えるための訓練

人手不足などで慌ただしくなりがちな現場に入ると、得てして思考がストップしてしまう。機会を設けて、適切な思考の流れを身に付けるようにさせたい。

人材の弱い部分を鍛え、ケース検討、外部資源交流を重ねる

①については、医療・介護分野で働く人材にとっては、基本的なアセスメント能力といえます。ただし、その職種によって「キャッチするのが弱い分野」が存在しがちです。

例えば、前職がヘルパーであれば「対象者の生活」を見る目は養われていても、健康状況やADLに関する見立ては弱いという傾向があります。逆に、医療・看護職の場合、本人の健康面に関するチェックは十分にできても、「生活や心理面における意向」をどのようにとらえるかという状況には慣れていないというケースも見受けられます。

その意味で、「その人材のどの部分が弱いのか」を最初に把握したうえで、アンテナとして弱い部分の専門知識を集中的に鍛え、同時に「異なる分野」の情報を（多様な職種の連携により）いかに統合していくかという思考の流れを身に付けさせます。

②については、具体的なケース検討を通して鍛えていくことが求められます。例えば、具体的な入居者のケースを取り上げながら、チームで課題分析を行う機会を日々設けます。そこで出た「課題分析」→「対応の優先順位」という流れを、板書などを通じてその場で「見える」化していくことが、全体の思考の流れを共有することにつながります。

③については、社会資源情報が集積している地域包括支援センターや行政などとの連携を意識的に強めていくことから始めます。入居者が外部の医療・介護サービスを使っている場合は、その**担当者とコンタクト**を図り、その事業所の特徴を把握しておくといいでしょう。

担当者とのコンタクト
ときには合同研修などを通じて、外部の担当者との人材交流を図るようにしよう。情報がスムーズに伝達されるようになるなどメリットは多い。

■スタッフのソーシャルワークスキルを鍛える訓練

1．入居者の状況を「面」でとらえる訓練

高齢者の生活場面をとらえた写真・イラストなど

映像や音声などを素材にする方法も（iPadなどのタブレットが有効に活用できる）

❶この場面から読みとれる本人の思い、状況などを語らせる

❷❶から想定される「課題」には、どのようなものが考えられるか

❸単なる思いつきではなく「根拠」を添える訓練も

2．対処すべき課題に「優先順位」をつける訓練

課題A
課題B
⋮
課題Z

→

❶緊急対処が必要なものは？
（例：すぐに受診が必要な疾患など）

❷どれが根本の課題か？
（例：体の痛みが不眠や不穏につながっているなど）

❸自己解決が難しいものは？
（例：かかりつけ医までのアクセスが難しいなど）

←

どのような社会資源につなげればよいか

POINT

●具体的な入居者ケースをもとに日々ケース検討。その流れを「見える」化する

●包括や行政との連携はもちろん、入居者の利用を通じた人材交流も図る

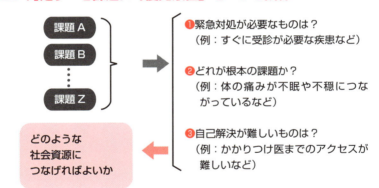

3-5 現場のサービスマネジメントをうまく進めるための人材配置

サービスにかかる人材を育てたうえで、それらの人材を現場でどのように動かしていくのかを次に考えます。流れとしては、①入居者の状況に応じた適切な**人材配置**をどのように進めるか、②業務上「必ずしなければならないこと（職責）」をどのように設定するか、③業務上の評価基準をどのように定め、業務査定などにどう反映させるか、となります。

入居者の状況に応じた「人材配置シミュレーション」をまず確立

まず①の人材配置ですが、具体的には、以下のようになります。

a：事業所における日中・夜間の人材配置をどうするか、b：夜間に担当者を配置しない場合、オンコールなどによる対応をどのように図るのか、c：安否確認や相談援助時などに「**居室訪問**」を図る人材と事業所に詰める人材をどのように振り分けるか、などです。最低限のサービスである安否確認・相談援助に際しては、日中少なくとも1人の配置が基準上定められています。しかし、これは最低基準であり、重要なのはあくまで「サービス運営を滞りなく行うことができるかどうか」です。

人材配置
国交省の調査によれば、入居者50人に対して日中の職員数が4人未満であるサ高住が約24％にのぼっている。有料老人ホームの約8％と比較すると人員配置の乏しさが浮かぶ。

居室訪問
スタッフが近接地に常駐する場合（歩行距離でおおむね500メートル以内）は、入居者から居住部分への訪問を希望する旨の申し出があったときには訪問に限らなければならない（平成27年度の省令改正より）。

■現場におけるサービスマネジメント

1. 適切な人材配置

入居者の状況 → どの時間帯にどれくらいの人材が必要か？ → 検証

2. 業務上の職責を設定

職務ごとのフローを固める → 各過程で必要な業務を明らかにする → 検証

3. 業務上の評価基準を定める

スタッフの職責を設定 → やるべきことができているかをチェック → 検証

そのためには、事前に想定される入居者像とそこから生じるニーズについて、ケース検討のシュミレーションを繰り返すことです。このあたりは、立地調査や他事業者へのリサーチを通じて固めながら、運営を開始した後に検証を続けることで修正を図っていきます。

ネックとなるのは、ニーズから逆算すると人材配置が厚くなって、人件費コストが跳ね上がる懸念も出てくることです。そこで、「事業所に詰めて全体をコーディネートできる」人材を1名、「各居室を訪問する」人材を1名、「電話対応やその他の補足事務を行う」人材を1名の計3名を日中配置の基本とし、そこからアレンジを図っていきます。

医療・介護サービス事業を併設している場合、その事業の人員配置に違反しない状況（例えば、併設事業の勤務時間外など）で、安否確認等に従事させることができます。こうした**法人内の**

法人内の人材移動　ただし、法定労働時間をオーバーしたりすることがないよう、配慮しなければならない。

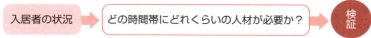

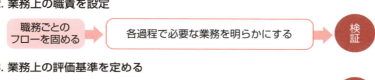

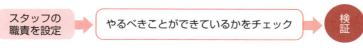

人材移動によって、コスト減を図っていく方法も考えます。

夜間システムの構築は、入居者の時系列的な変化も想定しつつ

次に、bに示した「夜間のシステム」をどうするかという点です。

夜間の緊急時などに、緊急通報装置を使ったオンコールで対応する場合、本来であれば夜間にも事業所に1人が詰めて対応できる体制が求められます。夜間における緊急事態が「急性疾患」などにかかるケースが多い点を考えれば、看護師などの人材が理想でしょう。

とはいえ、宿直・夜勤の体制をとる**人材配置上の余裕がない**場合、外部の警備会社などと契約して対応する方法もあります。

オンコールの着信設定をした端末などを持ち回りで所持するという方法もありますが、「**当番**」となる人材が限られている場合、1人にかかる負担が大きくなりがちです。

サ高住をスタートさせた時点では、入居者が全般的に元気というケースも多く、携帯電話などの着信端末の持ち回りなどで対応できることもあります。ただし、年月を経ると入居者が同時に高齢化していき、ある時点で一気に夜間の呼び出しなどが増えることも想定されます。それまでの運営フローが通用しなくなる事態も起こるわけです。

そのあたりの入居者の状態変化を常に予測しておき、どこまでなら自前で対応することができるのか、どこから外部会社に委託するのかという計画を練っておきましょう。

人材配置上の余裕がない
コストの点で人材の数が限られる問題以前に、労働力人口の減少などで人手の確保自体がうまくいかないケースもある。

当番
あまりに回数が多いと緊張などから、不眠などの体調不良につながってしまうリスクもある。

■人材配置をどのように定めるか？

1. 提供すべきサービスを設定する

提供時間のスケジュール設定

例：家事援助

Aさんの希望時間帯

Bさんの希望時間帯

Cさんの希望時間帯

希望時間帯が重複する場合、配置を手厚くした方がよいか？ → 常勤＋非常勤で対応するなど

2. 夜間の体制を整える

夜間に人を配置するか？

- する → どのような人材を？（看護師の採用は可能か？）
- オンコール → 委託事業にするか否か？

3. 日中配置の基本からアレンジする

コーディネーター ＋ 居室訪問 ＋ 電話対応

POINT

- 安否確認・相談援助のみであっても、日中は最低３名の人材を確保したい
- 夜間のオンコールにおける「着信当番」は、担当者の心身への負担も考慮

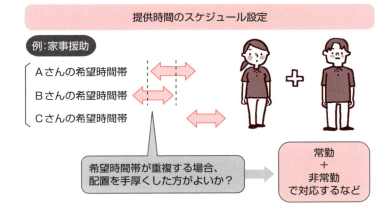

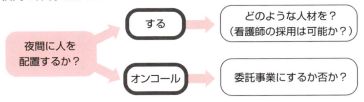

3-6 現場のサービスマネジメントをどのように進めるか？

適切な人材配置を進めたうえで、前項の②に示した「業務上の職責」、③の「評価基準と業務査定」について考えます。介護現場などでは、業務歴が浅い人材の高い離職率が問題となっていますが、その背景に②③が十分構築されていないことも指摘されています。

職責をはっきり示すことが、業務効率のアップにもつながる

まず、「必ずしなければならないこと（職責）」をどう設定するか。状況把握や相談援助というと、入居者の居室を定期的に訪問したり、事業所に構えて訪れる入居者の話を聞くという程度の業務設定しかしていないサ高住も見受けられます。

これでは、現場担当者にしてみれば、「何のためにそれをやるのか」がなかなか見えません。「何のために」という業務の下地ができていないと、**困難ケース**などに対する解決の糸口がなかなかつかめない事態も起こります。

必要なのは、第1に、事前に入居者の「生活上の意向や課題」をデータ化しておくこと。これにより、毎日最低1回の安否確認のリズムや想定される相談内容の事前把握がしやす

困難ケース
スタッフが困難ケースに対応した際になかなか解決できないと、スタッフの業務効率が落ちるばかりか、入居者側の不満・不安が解消されずに、強い抗議となって噴出してしまう。

■職責が明示されないとスタッフは不安に…

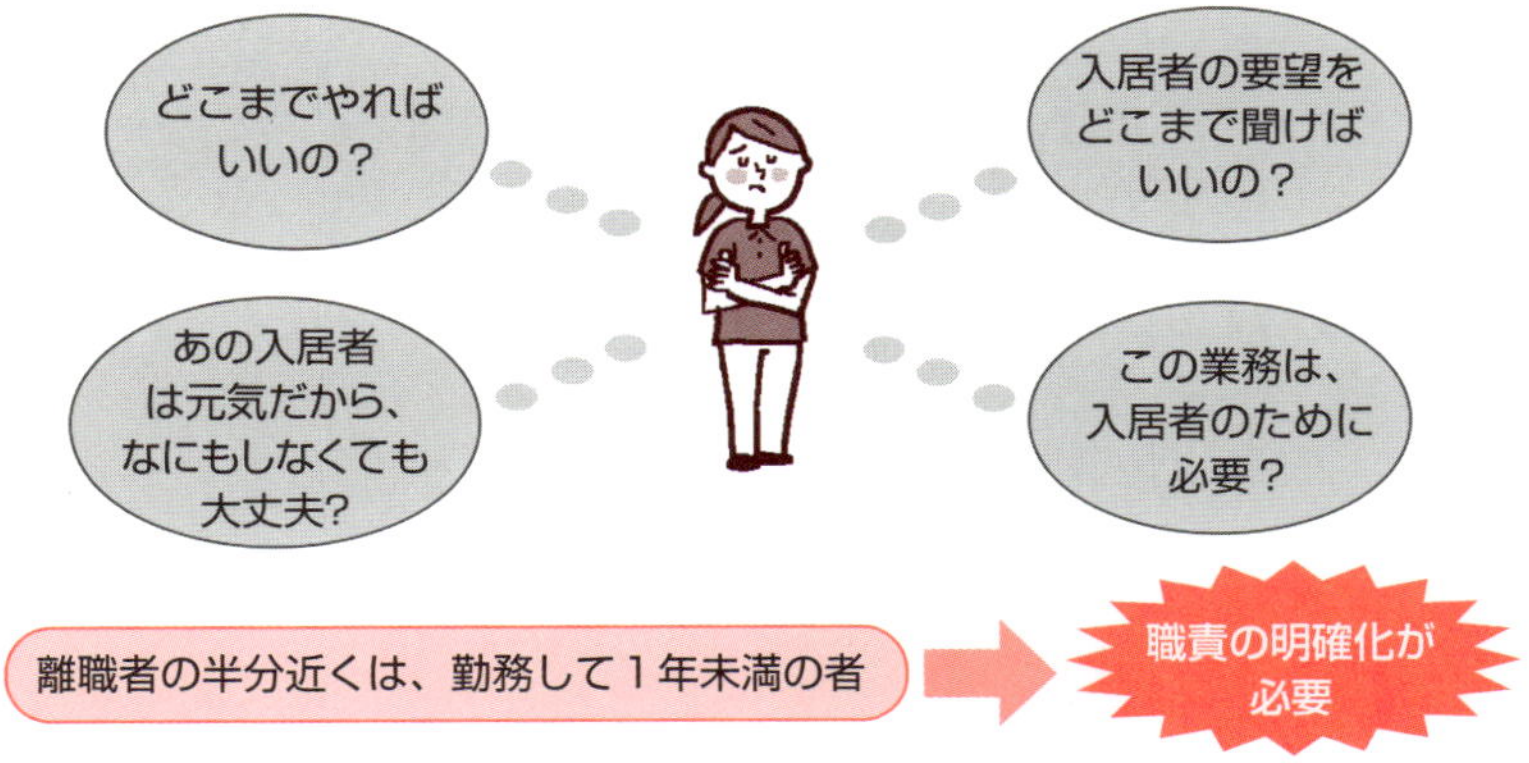
どこまでやれば
いいの？
入居者の要望を
どこまで聞けば
いいの？
あの入居者
は元気だから、
なにもしなくても
大丈夫？
この業務は、
入居者のために
必要？
離職者の半分近くは、勤務して１年未満の者
職責の明確化が
必要

くなります。第2に、安否確認時にチェックする点、相談援助の際に確認するべき点をマニュアル化し、専用シートなどを整えて漏れがないようにすること。第3に、課題分析をどのように進め、各種社会資源に取り次ぐかをフローチャート化することが挙げられます。

緊急時対応については、別途マニュアルを整え、危険回避のために最優先させることや、いざという時の連絡網をどう機能させるかをはっきり示しておきましょう。

そのうえで、一連の解決に至るまでの状況を記録化し、それを事業所全体で共有したり、同じ入居者の課題について上書きできるようなしくみを整えておきます。

この全体の流れを明らかにすることで、どの段階で、誰が何をしなければならないかが明らかになり、「自らがやるべきこと」も見えやすくなるわけです。

緊急時対応
災害時の対応については、第5章9（182ページ）参照。

職責がきちんと果たされているか、記録と面談の両方でチェック

③の評価基準ですが、まずは、②で示したマニュアルやフローに沿って、抜け落ちなく職責を果たしているかどうかがポイントになります。

ただし、職責を果たしたか否かの証拠となるのは、どうしても記録中心になりがちです。そのため、記録作成そのものが目的化しがちで、その記録類がその後の課題解決に役に立っているのかどうかなど、「業務の質」を評価することが難しくなることもあります。

そこで、日々の申し送りとは別に、週1回は「課題解決に向けて進行している」ケースを取り上げ、管理者と現場担当者で面談を行います。

例えば、入居者から「食事内容の改善」を求める訴えがあったとします。その際、具体的に食事内容のどこが不満なのか、不満が生じる原因はどこにあるのか、ほかのサービス等に対する不満が「食事への不満」という形で現れていることはないか——などを、面談を通じて1つひとつ確認していきます。その上で、具体的な解決策へ向け、食事の納入業者との話し合いをどう進めているか、その後の入居者へのフォローはどうなっているか——こうした課題解決までの手順が的確に踏まれているかどうかをチェックします。

もう1つは、半年に1回程度のペースで、各人材の観察力や課題抽出力・分析力といったソーシャルワークにかかる根本的な**能力を判定**します。

能力を判定
それまでの担当ケースなどを取り上げ、「どのような手順で解決を図ろうとしたか」を振り返させるなどの面談審査を行うとよいだろう。

■「必ずしなければならないこと」をどう設定する？

1. 入居者の初期の「意向・課題」をデータ化

→ 各入居者のどの部分を集中的に見ればいいのかを把握

2. サービスごとのマニュアルシートを整備

例：安否確認サービスの場合

①マニュアル

・あいさつの仕方　・本人の状態を見る
・居室の様子をチェック　・聞き取りの方法　など

②シート類

・最低限確認したいチェックリスト
・状態像のアセスメントシート　など

3. 業務の流れをフローチャートにする

聞き取りアセスメント → 課題のピックアップ → 課題の分析 → 解決策の立案 → 本人へリターンしつつ実行 → モニタリング → 全体の検証 → 聞き取りアセスメント

POINT

●安否確認・相談援助の際の記録シート、解決フローなどを事前に整える
●週１回のケース検討のほか、半年に１回のソーシャルワーク力点検も

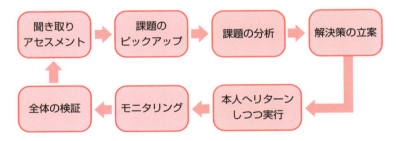

3-7 ハード整備もサービスマネジメントから逆算して行う

サ高住本体の設計に際し、入居者の日常の居住性を考えるのは当然として、提供するサービスとの兼ね合いで「入居者の利便性を図っているか」という点も考慮しましょう。

例えば、建物自体の規模が大きい場合、事業所スペースが入居者にとってわかりやすい位置にあるか。安否確認で居室を訪れる際、入口に立つと居室内が丸見えになってしまう構造になっていないか。あるいは、**共有スペース**で食事を提供する場合、入居者によっては「周囲の視線にさらされたくない」という意向を示すことがあります。そうした入居者にとって、落ち着いて食事のとれる空間か――様々な気遣いのポイントがあるのです。

サービス提供の効率性だけでハード面を発想することは避けたい

サービスとの兼ね合いでハード面の整備を行う場合、ともするとサービス提供時に効率性を考えた動線など、事業者側の視点で考えがちになることがあります。確かに、スムーズなサービス提供は入居者にとってもメリットはありますが、それによって「入居者の自立した日常生活」が何らかの制限を受けるとなれば、本末転倒です。

共有スペース
ほかにも、共有スペースに近い居室の入居者から「うるさいので静かにしてほしい」というクレームが出ることも。

■サービスから逆算してハードを設計する考え方

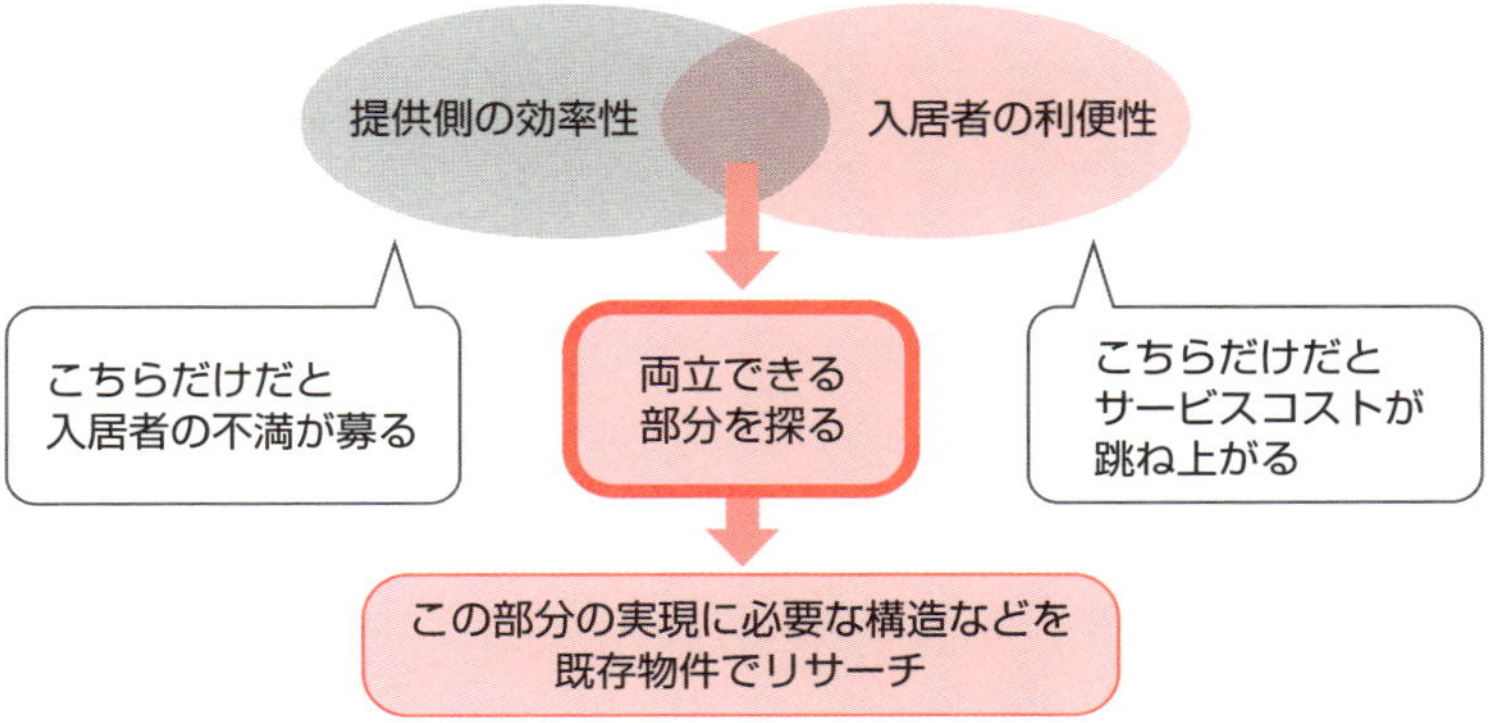

そこで、あくまで「入居者側の動線や心理状況」にとって理想的な構造とは何か、を考えます。一番よいのは、ほかの高齢者住宅や住宅型の有料老人ホームなどで「**体験宿泊**」をしてみることですが、ほかにもミニキッチンや電子レンジなどが完備された滞在型ホテルなど、できるだけ日常の居住環境に近いホテルなどに宿泊してみるのも手です。もちろん、高齢者向け住宅とは性格が異なりますが、「こんなサービスを受けるとした場合、どのような部屋のつくりが理想的か」など、イメージしやすくなります。

例えば、ホテルの1室にいた場合、「仮に今ここに掃除やベッドメイキングが入ったとして、自分はどこで待機していればよいか」などを考えます。椅子を出してキッチンの方向に移動したとして、冷蔵庫などが邪魔になって居場所が確保できないなどというケースがあるかもしれません。そのとき、居室の入口からキッチンを

体験宿泊
実際には、高齢の当事者でないと受け入れてくれないケースが多い。どのような構造にするかのシミュレーションには、滞在型のホテルがおすすめだ。

通って、ベッドサイドまで移動する間に、椅子を出して待機できるスペースをつくるという発想が浮かびます。

プライバシー確保と地域との連携を両立させる構造を考えたい

もう1つ重要なことは、外部の社会資源との関係を考慮することです。

住宅の場合、入居者のプライバシーが守られるということ、あるいは、防犯上、外部から各居室へのアクセスに際して事業者側が確実にチェックできるしくみが必要です。

一方で、地域に根差したサ高住を実現するというビジョンは欠かせません。その意味では、住宅に併設するサービス拠点については、外部から見て、できる限り閉鎖的にならないようにするという構造も必要でしょう。時々、事業所の位置が公道から見て奥まった部分に設けられ、窓から見えるのは中庭だけなどという構造が見られます。

中庭を散歩する入居者の様子はよくわかりますが、地域に向けては「開かれた」状況にはなっていません。例えば、外部からの訪問事業者（例・ケアマネジャー）などは、できるだけ事業所に気軽に立ち寄って情報交換をしたいという潜在的なニーズがあります。

外からの来訪に対して閉鎖的な空気をつくってしまうと、**来訪者**にとっては心理的な壁となり、その積み重ねが連携を希薄にしてしまいます。入居者のプライバシーと地域への開放性をどのように両立させるかという点について、頭に描いた設計が望まれます。

来訪者
来訪者には、入居者の親族なども含まれる。サービスを担当するスタッフの顔が見えないことで、親族の不信感が募るケースも。また、常駐場所が分散している場合は、それがサ高住スタッフの常駐場所であることがよくわかるようにする。

■例えば、居室においてどんな気遣いが必要か

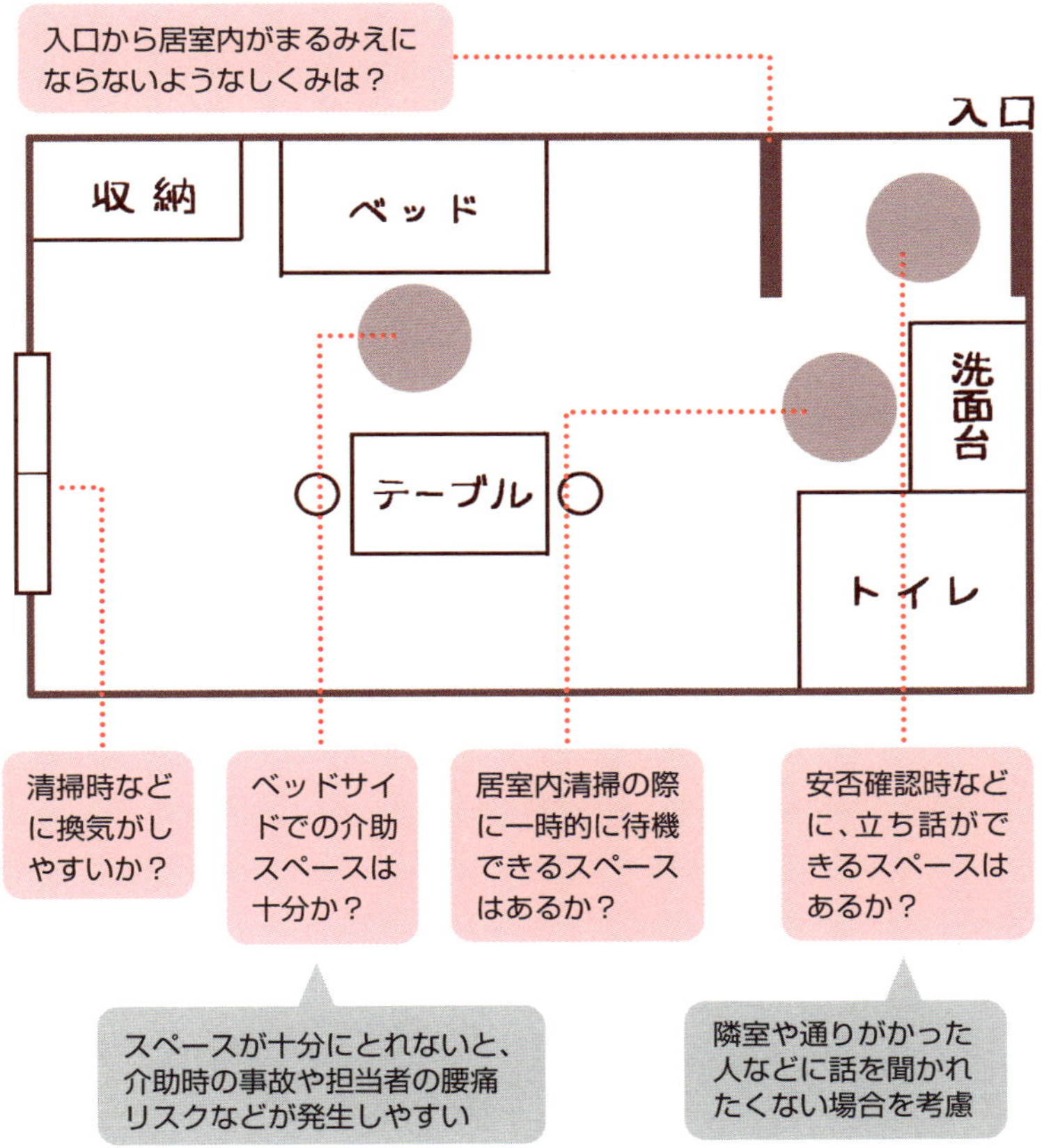

POINT

- **高齢者向け住宅などの「体験宿泊」などを通じて、利用者視点を養う**
- **外部事業者との連携に際しての「心理的な壁」を取り払いたい**

3-8 入居者との信頼づくりに向けたリスクマネジメントの発想

サ高住の事業者にとって、入居者の日々の安全確保は大きなテーマです。しかし、「事故等を防ぐ」ことが、イコール「管理強化」という発想につながってしまうのは問題です。

例えば、居室に監視カメラを設けるなどということは、さすがに「問題あり」と思う人は多いでしょう。では、昨今話題になっている「センサー等による利用者の生活行動の把握」はどうでしょうか。例えば、冷蔵庫やトイレのドアの開閉などが一定時間行われない場合に、**事業所への自動コール**が行われるというシステムなどです。

確かに、高齢者の異変を早期に察知することはできるでしょうが、入居者にしてみれば、「自分の行動が監視されている」という心理をぬぐうことはできません。

離れて暮らす家族などからの申し出により、本人の合意を得たうえで、あくまで選択的に「取り付け可能」というシステムを整備——こうしたケースであっても、本人との合意形成においては慎重な姿勢が求められます。

安心のためのシステム導入が、新たなリスクを生むことも

事業者への自動コール
ほかにも、室内で極端に動きが少ない場合に、その異常を察知して通報する人感センサー式のシステムなどがある。

■進化しているセンサー類

夜間ベッドから下りると、自動的に足元灯が点灯する

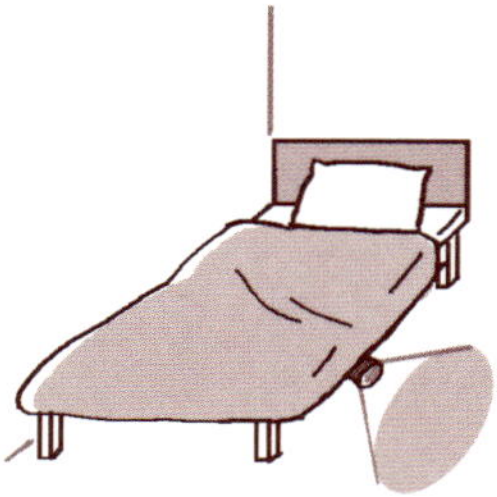

床に寝た状態になるとセンサーが反応し、事業所に通報する

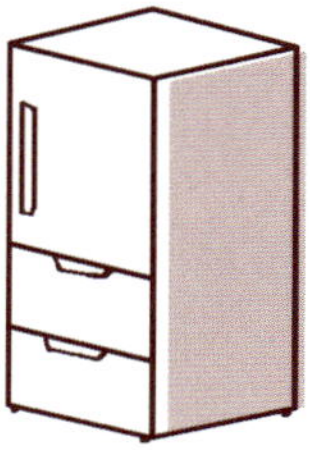

冷蔵庫やトイレの扉が一定時間開閉されないと、事業所に通報する

どのようなシステムであれ、入居者にとって独立した空間である居室内での「生活行動」が把握されるということは、少なくとも潜在意識下に「**管理されている**」という心理を生じさせます。

たとえ家族からの申し出によって本人が合意したものであったとしても、本人が本心から納得しているものであるかどうか——このあたりの微妙な心理状況を、事業者としては注意することが求められます。人によっては、そのシステム自体が「小さなストレス」となり、無意識にトイレに行く回数が減ったり、睡眠が浅くなることもあります。

もちろん、何ら日常生活への影響はないというケースも大半でしょう。しかし、少なくとも「何らかの新たなリスクが生じている」という可能性も頭に描くことが必要です。

もう1つ問題なのは、何らかのシステムを導

管理されている
緊急通報装置などの整備によって「安心」が確保されるという状況とは、まったく異なる心理状況が生まれていることに注意することも必要である。

入することで、事業者側に「管理しやすくなった」という心理が生じてしまうことです。つまり、サービス提供者側に、課題察知のための十分なアンテナが培われていない場合、システムへの依存によって、逆に入居者の微妙な変化などに気づきにくくなる可能性が出てくるということです。こうした状況が複合的に蓄積されると、せっかくのシステム導入が、かえって生活上のリスクを高めるという懸念も生じかねないわけです。

リスクマネジメントの切り札は「検証する」という風土を設けること

仮に、先述したようなシステムを導入したとして、そこで「思考停止」に陥ってしまうのではなく、①それによって入居者の生活がどう変化しているのか、②本当にリスクは軽減しているのか、逆に高まっている状況はないか――こうした点を継続的にチェックしていくことが必要です。そのうえで、家族や本人とともに「システムを導入してみてどうだったか」というヒアリングを行いたいものです。

新たなシステム導入に限らず、何らかのサービスを提供していく場合、そこには常にモニタリングの発想が求められます。つまり、「やってみてどうだったか」を常に検証していく業務風土が必要ということです。本来、事故等を防ぐ切り札は、システムそのものではなく、それを検証するという行為にあることを忘れないようにしたいものです。

POINT

- **「やってみてどうだったか」をモニタリングする業務風土こそが必要**
- **入居者や家族を交えたヒアリング機会なども、定期的に設けていきたい**

■システム導入後の変化を検証する

システム導入

↓

継続的に検証を続ける

↓

検証のポイント

- 入居者の生活はどう変化しているのか
- 本当にリスクは軽減しているのか
- 逆にリスクが高まっていないか

入居者・親族にヒアリング

- システム導入で不安は解消されたか
- システム導入による「管理されている」といった不快感、ストレスはないか
  ➡それによって生じる生活の変化はないか
- システムがどのように作動して、どのような情報が、どこに伝達されているかについて、当事者が把握しているか
- 誤ってシステムが作動しない、誤作動するといった状況になっていないか

スタッフにヒアリング

- システムのしくみを理解しているか
- システム導入によって、油断していないか
- しなくてもよいと勝手に判断している業務はないか

3-9 サービス運営に欠かすことのできないPDCAサイクル

あらゆる業界において、サービスマネジメントの基本となるのが**「PDCAサイクル」を機能させる**ことです。つまり、どのようなサービスを提供するかという計画（P）を立てたうえで、それを実行（D）し、その結果を検証（C）したうえで、最初の計画を改善（A）するというサイクルです。特にサ高住の場合は、入居者が高齢であるゆえに、常に心身等の状態変化にさらされやすい傾向があります。これに対処するうえでは、前項でも述べたように、検証→改善を継続的に行うことが欠かせません。

このPDCAサイクルを具体的にどう動かしていくか。基本は、①大枠でのサービスプランニングでのサイクルと、②現場レベルでの日々のサイクルを同時に動かすことです。つまり、相談援助等で上がってきた課題に対し、組織全体でケース検討を通じながら検証→改善を行うだけでなく、現場の担当者1人ひとりが、日々「どうすれば状況にフィットしたよりよいサービスが提供できるか」という思考を続けるということです。

②について、例えば、入居者の安否確認を行う場合の「声かけ」に着目してみます。安否確認というのは、その人の状態像を把握することだけが目的ではなく、「声かけ」によって、その人の1日の気分を安定させたり、安心感を強める効果も狙いとなります。

「PDCAサイクル」を機能させる

意識的な思考が必要だが、人間はそうした意識的な思考を長時間続けることは難しい。そのため、PDCAサイクルを発揮すべき瞬間はどこにあるかを見極める習慣を身に付けたい。

■スタッフにPDCAサイクルを意識させよう

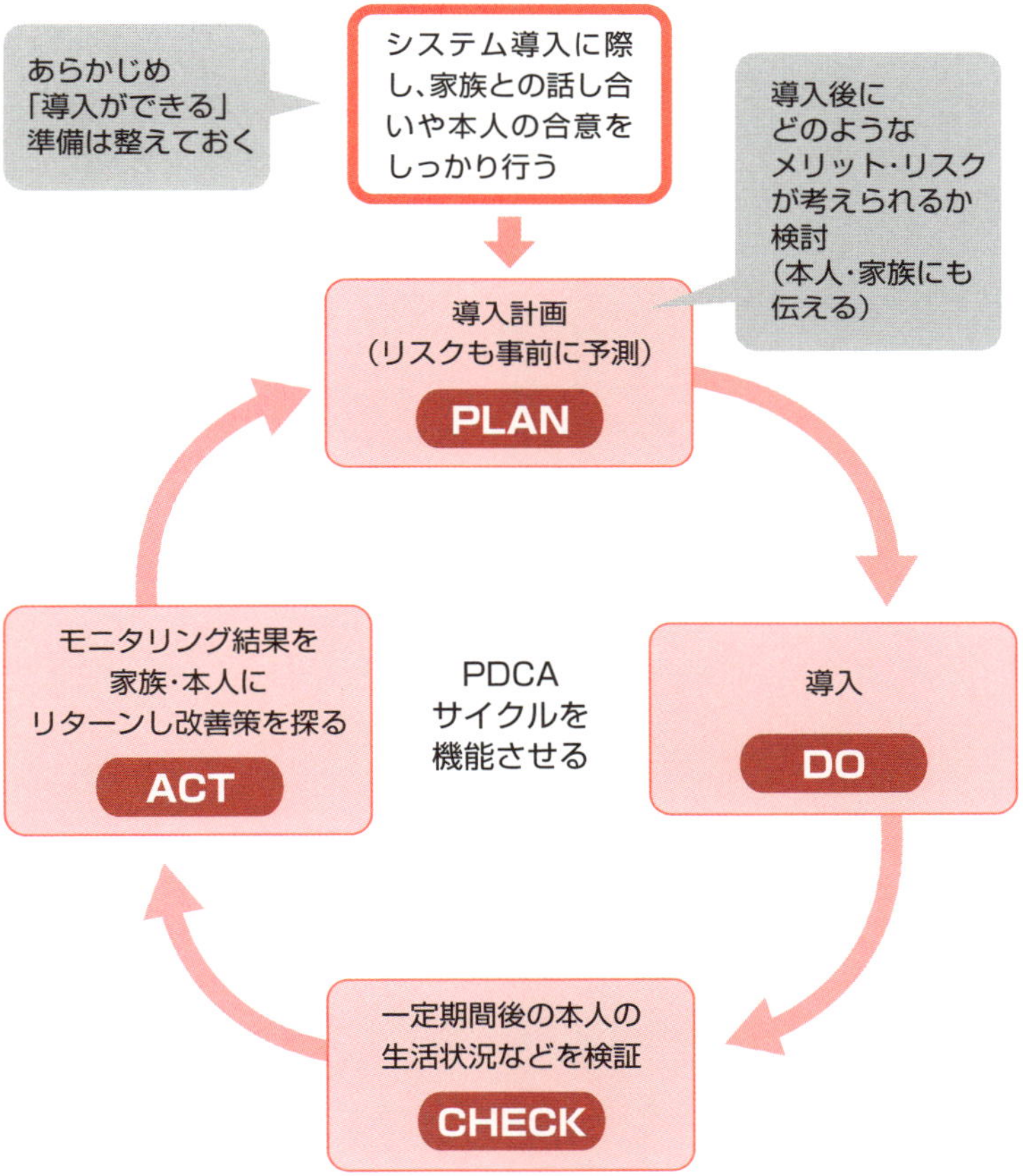

安否確認時の「声かけ」1つでも、PDCAサイクルの意識化を

となれば、どういう声のトーンでどのように「声かけ」をすれば、本人の気分を明るくすることができるのか。また、どんな話題で雑談すれば、コミュニケーションがスムーズにとれるのかが重要になります。コミュニケーションがスムーズになることで、普段隠れている課題などが明らかになってくる可能性もあります。

ただし、最初からその人の「心のツボ」を正確にキャッチするなど、なかなかできることではありません。最初にその人に出会ったときの言動などから、ある程度の予測を立てることはできますが、その対応が正しいという保証はありません。

そこで、まずは「こういう接し方がいいだろう」という仮説を立てたうえで、相手の反応を受け取り、「やってみてどうだったか」を振り返ることが必要です。大切なのは、それを日々何となく行うのではなく、自分の中で意識化することです。

先に、スタッフの業務能力を面談によってチェックすることを指摘しました。その中に加えておきたいのが、この日々のＰＤＣＡサイクルを意識化できるかということです。

サ高住運営が成功するかどうかは、まさにこのＰＤＣＡサイクルが機能しているかどうかにかかっているといってもよいでしょう。組織として第一に考えたいポイントです。

POINT

- 日々の細かい業務の中にも、PDCAサイクルを機能させることが重要
- スタッフへの定期面談を通じて、PDCAが身に付いているかチェック

第4章

計画立案から開設までの進め方

4-1 事業開始までの流れをまず「フロー化」する

サ高住運営をスタートさせるまでには、物件探し、新築・改修、登録手続きのほか、様々な工程を頭に入れなければなりません。

サ高住の場合、一般の住宅ビジネスと異なり、サービスなどのソフト面の整備や地域の信頼を得るための下準備にも力を入れる必要があります。

これらの工程に少しでも「抜け」が発生してしまうと、オープン日程が遅れたり、入居者に大きな不都合を強いることになりかねません。

まずは、計画に着手する前に、事業開始までにすべきことのフローをしっかりつくっておくことが必要になります。

■事業開始までの「3つの流れ」を基本に

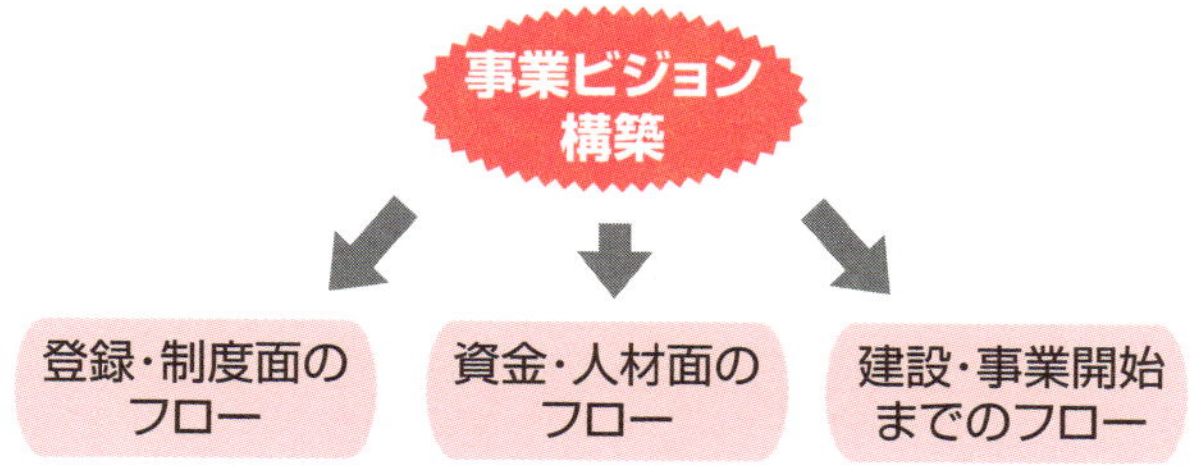

３つのフローを、タイミングを合わせながら同時進行させる

フローとしては、同時に３つの流れを押さえます。

具体的には、①「サ高住建設から事業開始までのフロー」、②「資金や人手の確保など自己資源にかかるフロー」、③「各種登録など制度面にかかるフロー」です。この３つを同時並行で進めていくわけですが、異なるフロー間でタイミングを合わせなければならない場面も生じます。

例えば、資金面のフローにおける「補助金（助成金）を得るタイミング」で、登録をどの段階で行うのか（交付申請前に登録の完了が必要）、また、補助金を受けられることが決定してから建設の着手にかかる場合、そこから逆算して、下準備などをどの段階から始めればいいのか。３つのフローをすり合わせながら、事前にしっかりとシミュレーションしておくことが必要です。

では、すべてのフローのスタート地点をどこにもってくるか。まず、①のフローにかかる「事業ビジョンの構築」と、②のフローにかかる「もともとある自己資源の棚卸し」から始めることが必要です。両者とも事業運営の土台ともいえる部分であり、これをしっかり固めないと、足腰がふらついたままの「見切り発車」になりかねません。

POINT

- 事業フロー、自己資源フロー、制度フローの３つを押さえよう
- すべてのフローを機能させる前に「土台づくり」に力を入れる

4-2 すべての土台となる「事業ビジョン」の構築①
立地を調査する

まず、すべてのフローを動かす前に、「サ高住をなぜ手がけるのか」「それによって、何を目指そうとしているのか」という事業ビジョンを描かなければなりません。これが不十分だと、様々な不測の事態に対応できず、事業運営が足元から崩れてしまいます。

注意したいのは、「高齢者の生活の安定と安心を確保」などという具合に、ごく一般的な理念を掲げ、それを事業ビジョンに据えてしまうことです。それは事業主にとっての「思い」ではありますが、そのために具体的に何をするのかという思考の発展がないと、ただのお題目や入居者募集の**宣伝文句**で終わってしまうこともあります。

サ高住における主人公は、あくまでそこに入居する人々です。その人たちが、普段、どんなことに不安や悩みを感じているか。それをサ高住という空間の提供によって、どのように解決していくのか。この道筋をきちんと示せなければ意味はありません。

その点を考えたとき、まずは「将来的に入居者となる地域の人々」の日常的なニーズをしっかり把握することが必要です。地域をサ高住のマーケットととらえたとき、そのマーケットのリサーチ（立地調査）をしっかりと行うことから始めなければなりません。

宣伝文句
そもそもが、相手は住宅市場における一消費者。抽象的な理念ばかりを並べた宣伝では、入居を促すことはできない。宣伝広告の際には、生活が具体的にイメージできる文言を用意したい。

■社会資源の状況についてチェックを怠らない

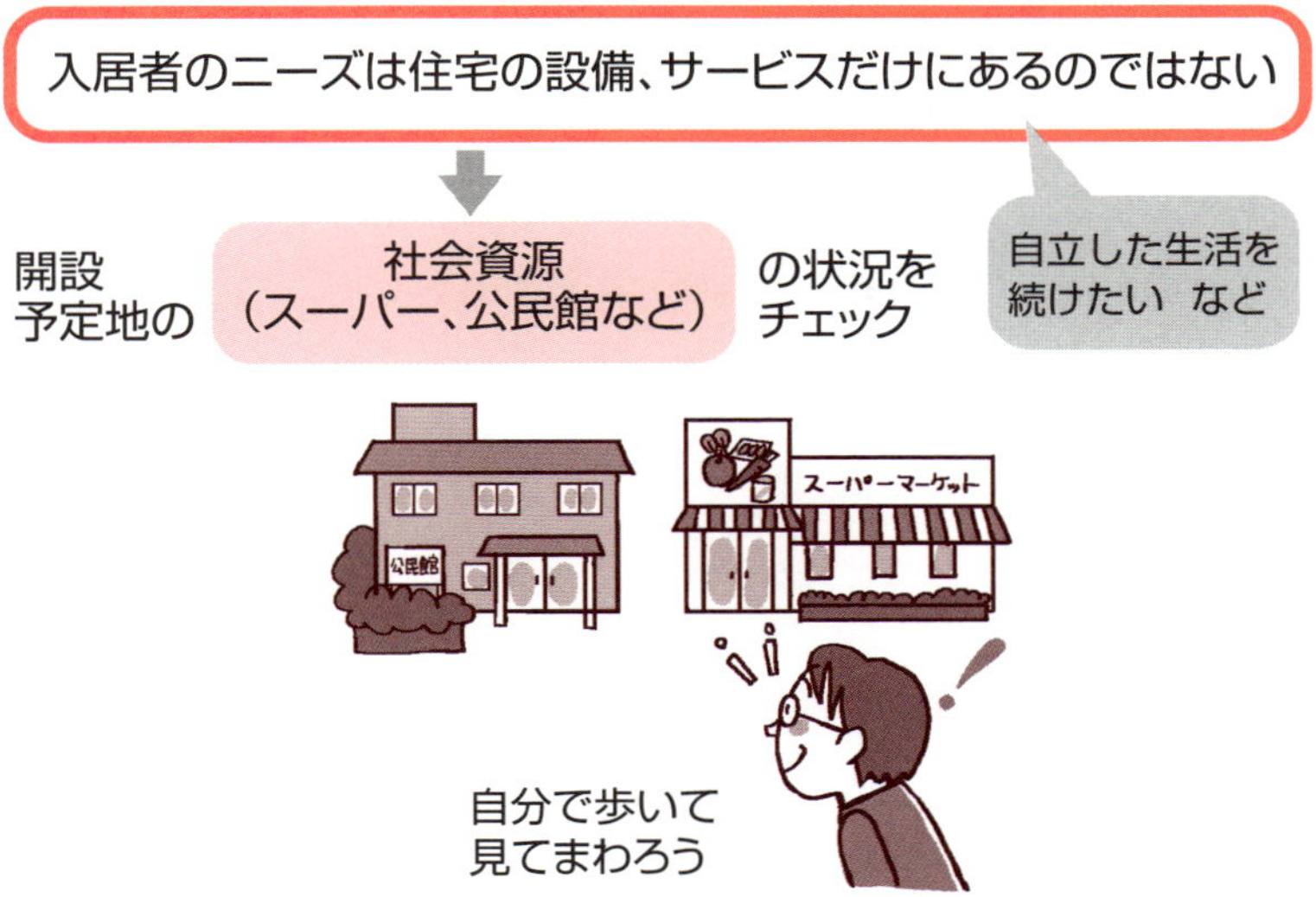
入居者のニーズは住宅の設備、サービスだけにあるのではない
開設予定地の
社会資源（スーパー、公民館など）
の状況をチェック
自立した生活を続けたい　など
公民館
スーパーマーケット
自分で歩いて見てまわろう

市町村の概況調査と候補地の地域状況の調査の2本立てで

立地調査は、①サ高住を建設する予定の市町村の概況、②①の中のいくつかの候補地における地域ニーズと社会資源の状況、という2本立てで行います。①については、市町村統計などをもとに、「高齢化率などの基本情報」を押さえること。同時に、「地区ごとの高齢化率や独居率の分布」などをチェックします。また、地区ごとに「新興住宅が多いのか、古くからの住宅が多いのか、さらには公営住宅などの分布がどうなっているか」などを調べて、市町村の地図上で色分けなどをしてみましょう。

こうすることで、a：高齢者の住み替えニーズが高い地域はどのあたりなのか、逆に、b：社会資源が豊かな（買い物や社会参加に向けた便利な資源が集中している）地域はどのあたりか、を把握します。

設立候補地を選定する場合、aであれば「ニーズが高い地域の中に建設することで、住み慣れた地域から遠く離れることなく、住み替えできる利便性がある」ことになります。bであれば、「身近な資源活用で自立促進が図れる」ことになります。

これが、どちらかに偏っていては、安定的な運営が難しくなります。a、bが重なっている、あるいは両者が近い位置にあることが、候補地としては理想といえるでしょう。

地価の状況や将来的な立地変化などにも注意が必要

ここで問題になるのが、地価です。特にbの場合、地域住民にとって利便性が高い（例えば、駅やバス停、スーパー、公営会館などが近くにある）ということは、総じて地価が高く、物件取得コスト等が跳ね上がることになります。その利便性とコストとを秤にかけて、バランスのよい場所はどこかという流れで、候補地を絞り込みます。

ここで注意しなければならないのは、都市計画などの進行・変更により、新しく道路などのインフラが整備されたり、逆に巨大商業施設が撤退するなどという状況です。この点もきちんとリサーチしておかないと、サ高住建設が完了してみたら、当初目論んでいた**入居者の利便性**が大きく損なわれることになりかねません。

地域全体を実際に歩いてみて何かしら変化が感じられないか、あるいは、行政の都市計画課などに赴いて、数年後を見すえた立地変化を調べておくことも必要です。

入居者の利便性
閑静で落ち着ける雰囲気が売り物だったのに、大規模施設の工事着工などで目の前を大型車が行き来して、一気に喧騒状態となるなどのケースもある。

■立地調査の流れ

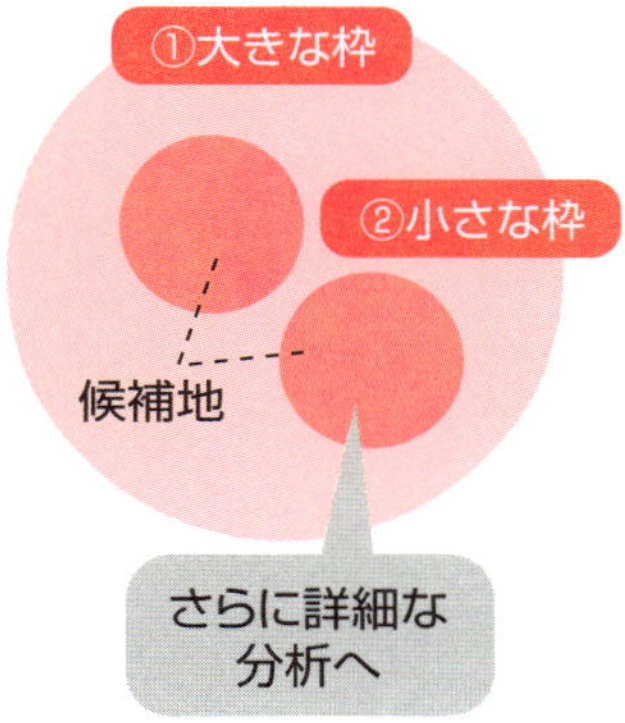

①大きな枠で調査

- 市町村統計をもとに地域の基本情報を押さえる
  - a. 高齢化率
  - b. 1世帯あたりの家族数（人口÷世帯数）
  - c. 転入出の状況

②小さな枠で調査

- これを地区ごとに押さえる

↓

- 詳細な地域図をもとに地域事情を把握する

↓

- スーパー、公民館など地域資源の状況を押さえる

↓

候補エリアの選定

①地価はどうなっているのか？
②都市計画などによって、
利便性が変化することはないか？

POINT

- **住み替えニーズの高さと社会資源の厚さ――2つのバランスを注視する**
- **立地変化によって利用者の利便性が急変する場合も。実地調査で確認を**

4-3 すべての土台となる「事業ビジョン」の構築②
「現場の声」を聞く

地域ニーズをさらに掘り下げるうえで必要になるのは、「現場の声」です。例えば、地域のサロン活動に参加している高齢者の訴え、見守りに大きな役割を果たしている民生委員の話、介護・医療の現場で実際にサービスを提供している人々の声などです。

前項で示したような概況や数字上のデータだけでなく、「生の声や場面」を見聞きすることで、どのようなスタイルのサ高住が求められているのか具体像が浮かんできます。

こうした声をキャッチするには、多様な現場に足を運ばなければなりません。

現在、高齢者の孤立化防止や自然災害にかかる被害防止策、消費者被害を防ぐなどの目的で、地域では**様々な集まり**が設けられています。

個別ケースの検討などもあるので、個人情報保護の観点などから、こうした集まりに部外者が足を踏みいれるのはなかなか難しい面もあります。そのあたりは、普段から様々な職能や活動を通じてネットワークを築いていくことが前提となります。

自分の趣味などからも、「現場の声」を知る入口が広がる

様々な集まり
地域包括支援センターによる地域ケア会議や、各種職能団体、あるいは地域住民による自主グループなど主体は多様である。

■地域リサーチには多様な入口がある

- 各地域で行われる高齢者向けの「集まり」に参加する
- これまでに築いてきたネットワークを用いて、介護福祉現場に足を運ぶ
- 趣味や特技を活かした高齢者向けの「1日教室」などの開催を行う

絵が上手といった特技も、1日教室を開催することで高齢者の「生の声」を聞くための機会をつくるツールとなる

例えば、サ高住運営を志す人であるなら、もともと介護現場やソーシャルワークの現場、あるいは地域のNPO活動などに参加している人も多いでしょう。そこで築いてきたネットワークをもう一度振り返りながら、現場とのパイプを再構築していきましょう。

ある人は、地域活動に参加するべく、自分の趣味である「絵手紙」や「手品」などの技能をボランティア団体などにアピールして、高齢者向けの1日教室を開きました。そこで、地域の高齢者と近づきになりながら、「生の声」を聞く機会にしたといいます。

地域リサーチのためには多様な入口があり、じっくりと向き合いたいものです。

POINT

- 自分の職能や地域活動の実績を棚卸しして、ネットワークの再構築を
- ネットワークの中で見聞きする情報が、地域ニーズを知る手がかりとなる

4-4 立地調査からピックアップした候補地を中心に物件を探し出す

立地調査を重ねる中で、地域ニーズや求める社会資源の状況に合致した候補地をいくつか選び出します。その候補地エリアを中心として、物件探しに着手しましょう。

サ高住を始める場合、更地から建物を新築するケースと、既存の集合住宅などを改修してサ高住とする2つのパターンがあります。物件取得から新築、改修にかかるコストに関し、サ高住整備事業による補助金をあてることができますが、**補助率**は新築が10分の1に対し改修は3分の1となります。コスト面を考えれば、やはり改修の方が有利でしょう。

ただし、「新築の方が、設計段階から利用者の利便性を図れる余地が大きい」という考え方もあります。事業者としてかけられるコストがどれくらいなのか、また、想定される入居者の家賃負担能力はどうかという点を考慮しながら、計画を進めていきましょう。

改修可能な既存物件を探す——これをスタートラインにしたい

地域特性にもよりますが、高齢者の住み替えニーズのすそ野が拡大していくことを考えれば、一部の富裕層だけをターゲットにすることは難しくなります。自治体等による家賃

補助率
第2章7（75ページ）参照。なお、改修を目的として住宅等を取得する場合の費用（用地費は除く）については1／10となる。

補助なども見られますが、やはり中間所得層がメインターゲットになっていくことを想定したうえで、高額な家賃負担にはねかえる初期投資は避けたいものです。

その意味では、改修によって事業ビジョンを叶えることが可能な既存物件を探す——本書ではとりあえず、この点をスタートラインとします。

集合住宅の既存物件を探すのは難しいのでは……と思われるかもしれませんが、ここで少し視野を広げてみます。サ高住の登録要件には、1住宅にかかる戸数の要件はありません。つまり、一戸建てでもサ高住の登録は可能なわけです（自治体ごとにバリアフリー基準に違いあり）。

1世帯のために安否確認等のサービス人員を配置したりすることは、経営効率上想定しにくいと考えがちです。しかし、併設する介護サービス事業等の展開次第では、これからの高齢者コミュニティのあり方として、まったく可能性がないわけではありま

■物件探しの2つの考え方

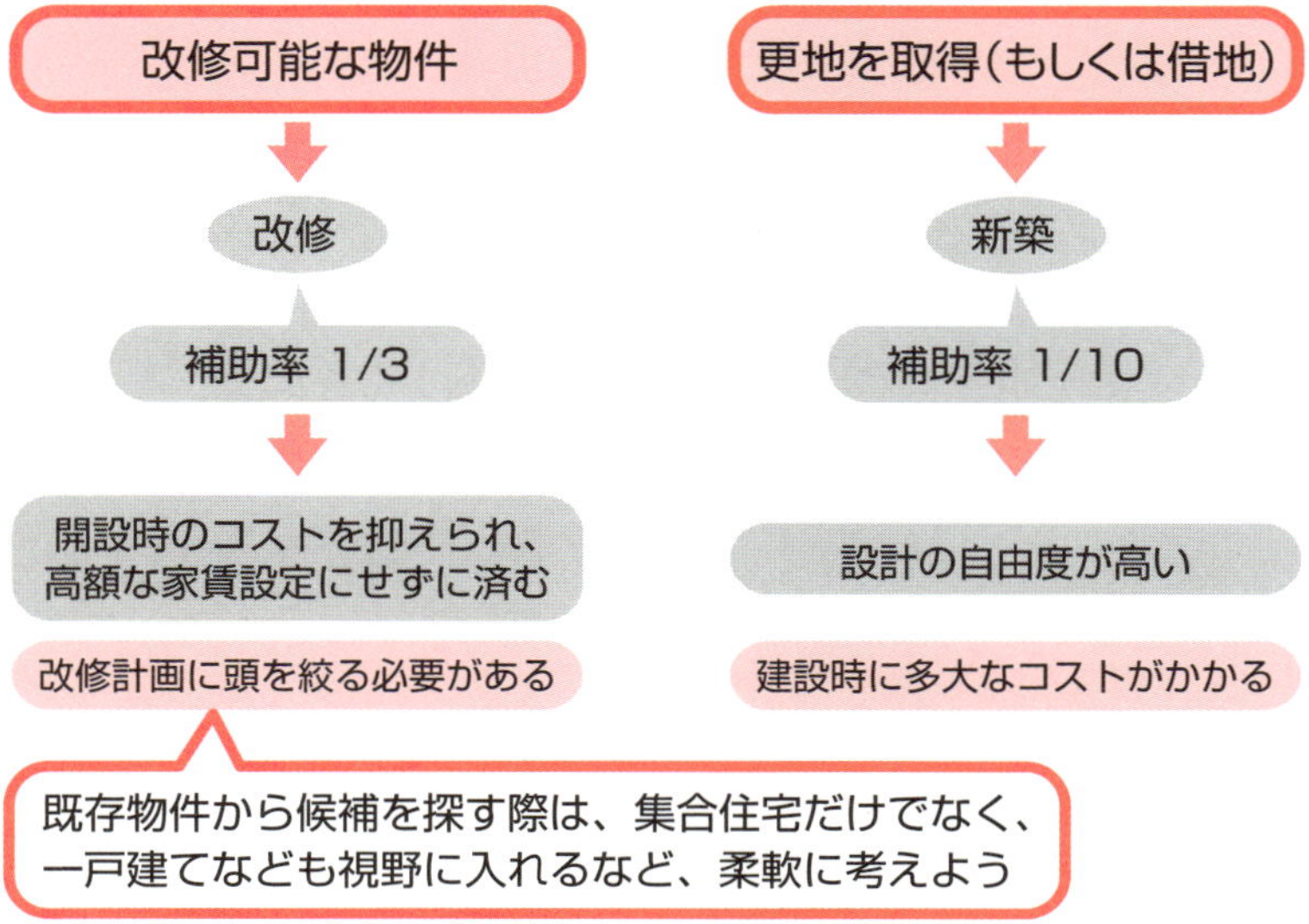

せん。

例えば、既存住宅の1階を地域の高齢者のためのサロン事業として活用し、2階を数世帯が住める住居とする——こうした幅広い視野で、事業展開を考えたいものです。

要は、これからの高齢者が、どうすれば安心の地域生活をおくれるのかという視点さえ固めていけば、様々な既存物件を活用できるアイデアが生まれてくるわけです。

ネットワークを通じた物件探しが、地域アピールになることも

一戸建てまで含めた既存物件を探す場合、地域における様々なネットワークを活用します。よくあるケースとしては、事業者が様々な地域活動を行う中で、「空き物件を地域貢献のために寄進したい」といった申し出を受けるというものです。

地域ネットワークの活用は、それ自体、事業者が地域の信頼を得ていることの証でもあります。つまり、**物件の寄進**を受けるということは、地域住民の信頼を得ていることをアピールすることにつながり、事業展開をするうえで様々な地域資源との連携がとりやすくなるわけです。これは大きなメリットにつながるといえるでしょう。

実際に、こうした申し出を受け、既存物件を活用したグループホームの開設に至ったというケースはよく見られます。もちろん、所有権上のトラブルが生じないよう、司法書士などとよく相談しながら、手続きを進める必要があります。

物件の寄進
身寄りがないとしていた寄進者に、実は遠縁の親族がおり、所有権の移転に際して「待った」がかかったなどというケースもある。そのあたりの事前調査は慎重に行うことが必要だろう。

■既存物件をどのように改修するか

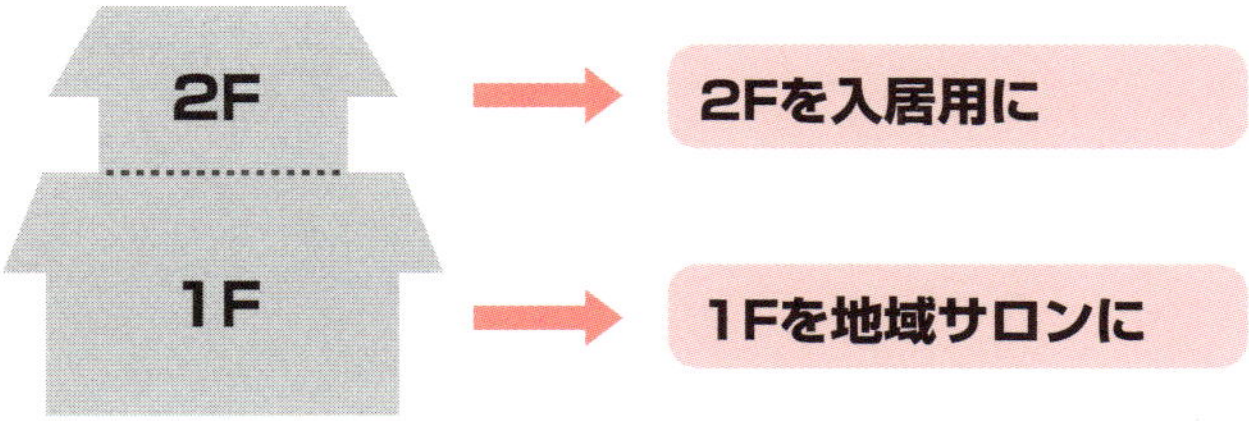

価値1　入居者にとっては、地域交流が進めやすい。介護予防の効果も

価値2　地域サロンに通ってくる高齢者の状況がよくわかる

↓

2～3軒めのサ高住開設の計画が進めやすくなる

価値3　地域サロンでお手伝いしてくれる住民が将来的なスタッフ候補にも

↓

お手伝い（ボランティア）の息子・娘がスタッフになったケースも

POINT

●「サ高住＝多人数の集合住宅」という発想に縛られない事業展開も視野に入れておこう

●自主的な物件寄進があった場合でも、所有権移転に問題がないかどうかを精査する

4-5 既存物件をどのように評価するか① 地域環境・資源と一体化して見る

候補地で物件が見つかった場合、スムーズな事業運営が可能かどうかをチェックする必要があります。物件本体を精査することも大切ですが、サ高住の場合、その物件を取り巻く地域環境や地域資源との関連を視野に入れることを忘れてはなりません。

例えば、近くの商店まで買い物に出る際に、急坂の上り下りが必要であったり、車両の行き来が激しい幹線道路を渡らなければならないという場合、「入居者にとって外出がしにくい」という環境につながりかねません。また、取り壊し寸前の**古い物件が多い地域**の場合、家屋の解体工事や新築工事などが一斉にスタートして、入居者がその騒音に悩まされるという事態も考えられます。先々を見すえた観察力も必要になるわけです。

入居者の生活像を思い描きながら、地域全体を精査する

地域資源との関係を見極めることも重要です。例えば、地域の主たる病院へのアクセスを考えた場合、病院行きのバス停が近くにあるかどうかなどは大きなポイントでしょう。

また、認知症になっても住み続けられることをビジョンとして掲げている場合、入居者

古い物件が多い地域
物件が解体後に新築されたり改修されることで、入居者の層が変わってくることも考えられる。

■地域の特性をつかむ

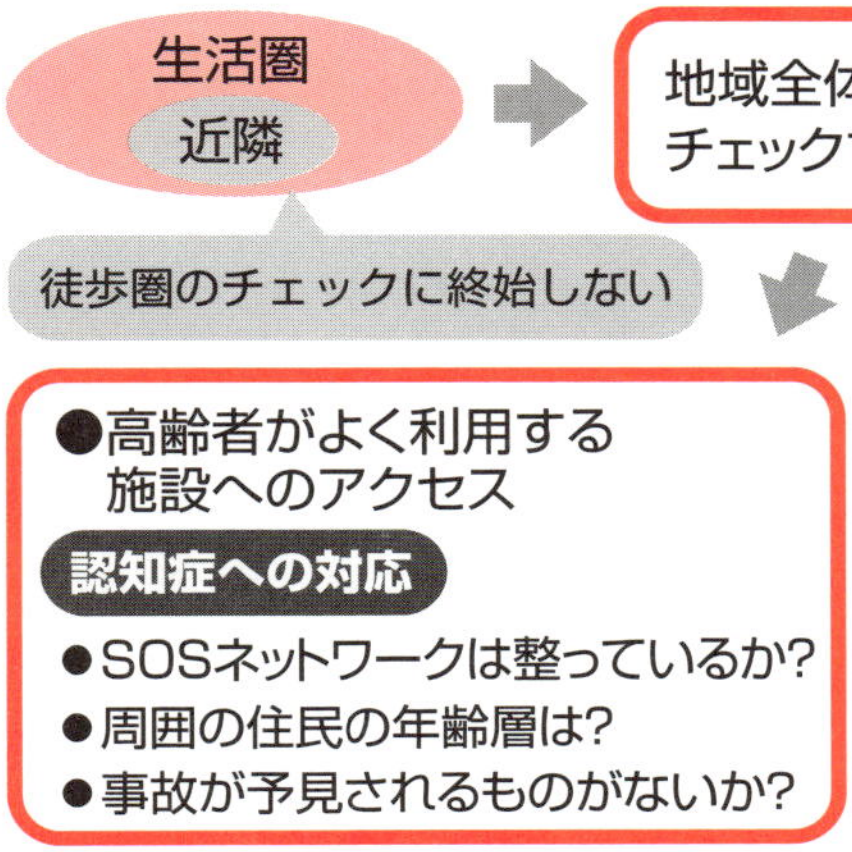
地域全体を
チェックする

徒歩圏のチェックに終始しない
●高齢者がよく利用する
施設へのアクセス
認知症への対応
●SOSネットワークは整っているか?
●周囲の住民の年齢層は?
●事故が予見されるものがないか?

病院へのアクセスも
十分に留意しよう

の徘徊リスクなどにどう対応するかを考えておくことも必要です。

物件の裏山に迷いこんでしまった場合、徘徊ＳＯＳネットワークが整っている地域であっても、発見が遅れる可能性が高くなります。また、周囲が若い単身世帯ばかりで、日中ほとんど住人がいなくなったり、人的交流がほとんどないという風土の場合、日中入居者が徘徊したりしても、なかなか声をかけてくれる人がいないという状況も生まれます。

こうした入居者の生活像を思い描く中で、様々なサポートが整う環境になっているかどうか。物件を中心に、生活圏全体に視野を広げるという習慣を身に付けたいものです。

POINT

- **急坂の有無や近隣の交通量など、物件の周囲にある生活環境に目を注ぎたい**
- **地域住民の生活スタイルなども、入居者の安全・安心に大きな影響を与える**

4-6 既存物件をどのように評価するか②

見えにくい改修リスクも点検

既存物件の改修を行う場合、建築士などと同行して、「どこまで改修が必要になるのか」をチェックすることが必要です。注意したいのは、「バリアフリー改修などのコストがどれだけかかるか」というだけでなく、長期にわたって住み続ける場合に、入居者の生活状況に大きな影響を及ぼす欠陥はないかという点です。

例えば、気密性が高い現代の住宅では、冬場になるとひどく結露が生じることがあります。夏場に物件チェックを行う場合、屋内湿度などをきちんと測定して、冬場だと状況がどうなるのかについて、プロからのアドバイスを受けたいものです。

ほかにも、冬場になると、冷たい外気の流れによって極端に室温が低下するというケースもあります。各戸の暖房費がかかるだけでなく、高齢者にとっては健康上のリスクが高まることになりかねません。様々な環境状況を想定しておきたいものです。

古い家屋において、改修しても問題が解決しにくい環境に注意

物件を見に行くときは、建築士などと同行して確認しよう。

■改修時のチェックのポイント

- ✔窓に結露が生じないか。生じるようであれば、どのような対策をすべきか
- ✔外気が入ってこない構造になっているか
- ✔通気性が悪く、カビなどが生じないか
- ✔西日が特に強く差し込む構造になっていないか
- ✔インターネット等の接続環境は整備されているか。Wi-Fi がスムーズに接続できるなどの環境は？

また、壁の薄さはどうか。通気性が極端に悪く、カビなどが生じやすい状況はないか。季節によって西日などが特に強く差し込むような状況にないか、など。特に古い家屋の場合、改修しても問題がなかなか解決しないことも起こり得ます。

また、入居者に何かあったときのために、親族の携帯電話などに異常が直接メール通報されるなどという装置がありますそうしたシステムを備える場合、インターネット等の接続環境が整えやすいかどうかも大きなポイントです。先々の多様なシステム導入を進めていくうえで、それを可能とするインフラが整備できる環境かどうかにも着目しましょう。

物件の見取り図を手に、気づいた点を書き込むなどしてチェック漏れを防ぎます。

Point

- **●物件チェックの際は、建築士などと同行してプロの視点でのアドバイスを受ける**
- **●先々の入居者の生活状況を頭に描きつつ、長く住める環境かどうかを精査する**

4-7 事業主体側の「棚卸し」を行うことも忘れるな

物件確保と同時並行で（できればその前に）進めたいのが、事業を展開する自分の側に「目を向ける」ことです。つまり、自分自身の「棚卸し」を行うということです。自分自身の「棚卸し」については、①資金面、②自身のキャリア面、③人的ネットワーク、の3つを頭に入れます。安定的な事業展開を進めていくうえで、それぞれ有効な資源となるのかどうか。足らない場合には、どのように補完をしていくのか。

特に②③については、客観的に測定することが難しい面もあるので、事業展開のフローと同等に重きをおきながら進めることを意識したいものです。

補助金や融資に頼る前に、投入可能な自己資金を確定させる

まず①の資金面ですが、初期投資にあてられる自己資金がどれだけあるかを整理します。運物件取得・設立に際して、最初から補助金や融資をベースとするケースも見られます。運転資金に関しては、家賃収入や事業報酬などを最初から目論むという考え方もあるでしょう。ただし、「補助金の審査が通るのかどうか」「融資にかかる返済計画が実現可能なのか」

自らの生活運営
自分だけで事業を興す場合だけでなく、仲間を募っての共同出資というケースでも同様である。描く理想のために、自分の生活だけでなく仲間にも同様に切り詰めた生活を強いるようなことになると、早々仲間内で不和を起こしかねない。

など、不確定要素も多々ある中では、やはり自己資金をベースとするのが基本です。

注意したいのは、個人で事業を興すという場合、「**自らの生活運営**」を度外視してしまうケースがあることです。自分自身や家族にも生活がある中で、それを安易に切り詰めるという発想は、自らを厳しい状況に追い込みかねません。

自らの生活を度外視してしまうと、冷静な事業ビジョンが立てられなくなったり、貴重な協力者である家族・親族の理解を得られなくなることもあります。こうした負の状況は、ボディブローのように事業の先行きを不安定にする大きな要素となります。

経験した業界で「具体的にしてきた」業務を振り返ってみる

難しいのは、②の自己のキャリア面です。不動産業界で働いていた、あるいは、高齢者福祉の現

■自分自身の棚卸しのポイント

①資金面
- 自己資金はどれくらいあるのか?
- 自らや知人へのしわ寄せはないか?

②自身のキャリア面
- サ高住運営に際しての有益なキャリアは?
- 今後補っていくべきキャリアは?

③人的ネットワーク面
- 事業に際して頼れるネットワークは?
- 今後、関係を伸ばしていけそうなつながりは?

これまでにつきあいのあったクライアント、発注先から、趣味仲間なども含めて、ネットワークを今一度見直そう。

場で働いていたからサ高住運営ができる……とは限りません。ただし、「サ高住運営には、不動産運営と福祉運営の両方の資質が必要である」という意味ではありません。

問題なのは、自分のキャリアを「その業界にいた」というだけで量ってしまう点にあります。例えば、不動産業界しか経験していない人でも、「マンション入居者の声を聞く」ことが多い業務に就いていた人であるなら、サ高住に入居する人のニーズをどうやってとらえるかというノウハウを身に付けている可能性があります。

また、高齢者介護の現場で働いていて、「不動産運営の知識はまったくない」という人であっても、「利用者の生活像に敏感である」という人もいます。つまり、普段の暮らしの中で、たとえば住環境面でどんなニーズが生じているのかを察知するノウハウを携えているケースもあるわけです。

大切なのは、それまでやってきた**仕事の中身**の部分で、サ高住運営に活かせる資質が養われているかどうかです。肩書や職責だけでキャリアを量ってしまうと、これから自分が発揮すべき能力をキャッチすることはできなくなります。

そこで、自分がなぜ「サ高住運営をやりたい」と思うようになったのかという動機を掘り下げます。なぜ、今までの不動産運営ではダメなのか、それまでの高齢者介護の現場ではダメなのか。そこには必ず、自分がやりたいことのビジョンがあり、無意識のうちに身に付けてきたキャリアがあるはずです。それを思いつくままに書き出してみて、これからのサ高住運営に活かせる部分を意識的に伸ばしていくようにします。

仕事の中身

利用者のニーズにいかに対応するか検討する、業務遂行に必要な人材を探す、スタッフに指示を与え業務を遂行する、などは、どの業界にも通じるビジネススキルだ。その点は、スタッフのスキルを量る際にも同様である。表面上の介護、不動産の知識にとらわれず、手腕を発揮しよう。

■自己キャリアを「棚卸し」する方法

自分自身が
働いていた業界

（例）
●不動産業界
●介護施設

→ どのような業界に
在籍していたかだけで、
キャリアを量るのはNG

↓

❶どんな部署で？
❷具体的にどんな仕事を？

例として、
顧客の相談によく乗っていて個人的なリピーターがついてくれたなど

↓

もっと具体的に掘り下げる

❶そこで発揮できた自分の強み
❷そこで貢献できたエピソード

会社に対しての貢献だけでなく、
かかわった顧客、地域社会など、
自分が果たした役割を幅広く見る

POINT

●自己資金を整理する際、自らの生活資金を度外視しないことが重要

●これまでに働いてきた業界に関係なく、「サ高住運営」に求められる自分だけのキャリアを焙り出す

4-8 人的ネットワークの「棚卸し」とは何か？ なぜ大切なのか？

自己の棚卸し3項目の中で、実は最も重要なのは③の「人的ネットワーク」です。

確かに、資産とキャリアがあれば、事業スタートをスムーズに切るうえでは大きな力となるでしょう。しかし、サ高住の場合、入居者が高齢であること、身近に親族がいないというケースもあることから、時間経過とともに様々なリスクが急速に高まりやすい状況にあります。スタート以上に、その後の事業継続が難しい分野であることを考えれば、不測の事態などに対応するためには、やはり「頼れる人的資源」の存在が欠かせません。

例えば、サービス強化を図るために人員補充が必要になった際、事業ビジョンをよくわかっている即戦力の確保が理想です。公的に募集するとなると、そのあたりの理解を深めるまでに時間的・コスト的なロスが生じることもあります。

そのとき、自分の人的ネットワークの中から、事業理解のある人材を紹介してもらうなどの方法が有効です。入居者のニーズに応じて、何らかの外部サービス（**福祉移送**や訪問診療など）が必要になった場合、人的ネットワークがしっかりしていれば、信頼できる外部事業者を入居者に対して提案することもできるでしょう。

福祉移送
自力での移動が困難な高齢者や身体障害者に、福祉車両などの移動手段を提供するサービスのこと。

■自分のネットワーク資源を整理する

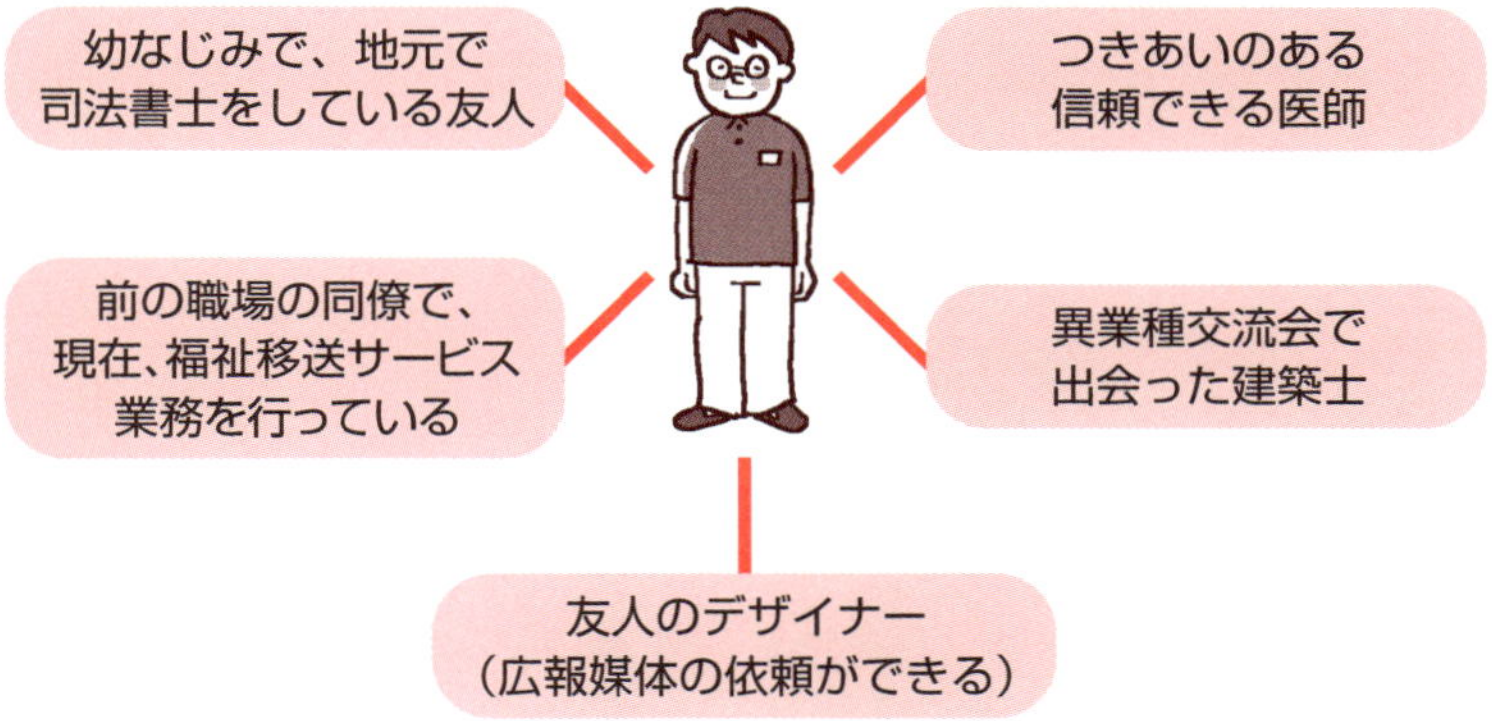

地域の多様な研修会等を通じて、ネットワーク強化を

　人的ネットワークを強化するためには、医療・介護・福祉にかかる地域の研修会（昨今は、多職種連携のためのネットワーク会議なども盛ん）などに積極的に参加し、そこでの参加者と常日頃から交流を温めることが重要です。

　昨今は、フェイスブックなどを通じて同業者などのネットワークを広げるケースもポピュラーです。

　また、高齢者住宅などに常駐する相談員のための全国組織などもあります。サ高住に必要なサービスにかかる、こうしたネットワークを1つでも多く見つけ出して、会員になり、情報交換を続けていくことも必要になるでしょう。

POINT

- ●リスクが拡大した状況で、最も頼りになるのは、信頼できるネットワーク
- ●高齢者にとって身近なサポート役の全国ネットも多い。積極的に情報交流を

4-9 事業展開をマイナスにしない各種業者の選び方

リスク拡大に伴う「人的ネットワーク」の重要性について述べました。しかしながら、事業スタート時においては、人的ネットワークの充実度にかかわらず、どうしても依頼しなければならない外部業者が必要になります。例えば、設計業者、施工業者、備品取扱い業者、あるいはスタート時に必要な人材確保をサポートする紹介業者などです。

こうした業者をいかに選ぶかによって、その後の事業展開を左右するといっても過言ではありません。例えば、既存物件のチェックを行う建築士が中途半端な見識しかもち合わせていないとなれば、**必要な改修ポイント**を見落としてしまうこともあります。そうなれば、後々、大変な損害にもつながりかねません。

そこで、信頼できる外部業者の選び方について、ポイントを挙げてみましょう。

各業者候補の過去の実績を、まずはしっかりチェック

最初の基本は、業者候補を精査するうえで、肩書や資格等にとらわれることなく（もちろん、無資格業者などは論外ですが）、過去の実績をきちんとチェックすることです。例

必要な改修ポイント
互いの認識をすり合わせるために、必須事項についてはチェックリストなどを用意して、渡すとよい。また、それを渡しながら打ち合わせをすることで、建築士の知識を確認することができる。

えば、設計・施工業者のホームページなどを見ると、過去に高齢者向け住宅などの実績をアピールしているケースがあります。これをいかに読み解くかが大きなポイントになります。

例えば、介護施設などの建築実績をいくつも積んでいる業者があったとします。バリアフリー工事などには慣れているかもしれませんが、高齢者がそこで「暮らす」ということについて、どこまで深い造詣があるのかというのは別問題です。

そもそも「施設」と「住居」はまったく別の建築物です。施設の中にも、管理的発想を完全に排し、入所者の「生活」を第一とするケースも確かに見られます。しかし、「手がけてきたのは施設だけ」という実績には、住居とは一線を画す壁があると考えておきたいものです。

同様に、「住まい」というくくりであるグループホームや有料老人ホームの実績においても、**施設的な管理発想**から脱け出ていないケースも見られます。

■「高齢者の住居」への理解があるかをチェック

事業者の選定は、高齢者の住居について、どれだけ理解しているかがポイント
国のバリアフリー基準では段差は5mm以内と定められているが、玄関の上がりかまちは対象外となっている。だからといって、高齢者が上がりづらい玄関は論外。手すりや段差をなるべく解消するなどの対応が求められる

入居者の「生活」について、深い造詣を携えているかが重要

最も確実なのは、公表されている実績をもとに、実際にその物件を見学してみることです。同業者による見学はなかなか難しい点もありますが、外観を見るだけでも、その建物をおおっている「考え方」を察知することは可能です。

例えば、ベランダスペースがゆったり取られていて、各戸の「生活の匂い」がそこに漂っているか（入居者によってガーデニングを楽しんでいるなど、自由な空気が感じられるなど）。玄関ロビーに入居者が集えるスペースがあり、そこにも「生活の匂い」が感じられるか（居室に閉じこもりきりにならないよう、表に出やすい環境設定がなされている証になる）……などです。

もう1つ重要なのは、業者と直接コンタクトをとったとき、入居者の「生活」の考え方について尋ねた場合、きちんと考え方を述べてくれるかということです。普段から入居者の「安全・安心」と「生活」のバランスに頭を悩ましている業者であれば、どこで折り合いをつけるかについて、その業者なりの考え方をしっかりもっているものです。

仮に、こちらがどんな意図をもって尋ねているのかがピンときていない反応を示すようであれば、住宅というものをどうとらえているかについて疑問符がついてしまいます。これは建築関係だけでなく、備品取扱い業者などについてもいえることです。

施設的な管理発想

例えば、ドアにガラス窓があり、そこから覗くと居室内が見渡せてしまう――「住居」をうたっているにもかかわらず、こうした管理的設計を当然のように導入している業者もいる。

■確かな事業者を探す際のポイント

1. 事業者が作成したホームページ、パンフをチェック

❶代表者が示す「理念」に注目
（理念に具体性が伴っているか）
❷過去の実績を調べる
（各実績に統一された考え方が乏しい場合は要注意。
実績ごとに別の業者が手がけたように見える、など）
❸不明な点は直接問い合わせをしてみる
（事業者としての対応力を確認できる）

さらにチェック!

2. 実績として示された物件を実際に見る

❶できれば、モデルルームなどを見学
❷難しい場合は、外観だけでもチェック

さらにチェック!

3.「生活」の匂いが感じられるか否か

よい例:

各戸のベランダにゆとりがある

入居者がアクティブに出入りしている

外から見て入口に閉鎖性がない

POINT

●施設的発想から脱け出られない業者ではないかどうかを、まずチェック

●過去の実績物件を外部から見学するだけでも、業者の考え方がわかることも

4-10

業者に対して、自分のビジョンをきちんと伝えるには？

信頼すべき業者が見つかったら、どのような住宅にするのか入念なビジョンのすり合わせを行います。そのためには、自分自身の描く「生活空間」のあり方を固めておかなければなりません。

例えば、居室空間であれば、**入居者の持ち込むインテリア**の配置を想定したレイアウトをどう考えるか。入居者の年齢や平均的な生活状況を頭に入れた場合、テーブルやテレビ、タンスなどの大きさはどれくらいが想定されるか。

そのうえで、想定されるインテリアの配置によって、居室内での動線が極端に制限されることはないか――自分が入居者になったつもりで、仮の図面を引いてみることも必要です。サ高住を運営する事業者の中には、自分の老親の経験が事業動機になっているケースも見られます。そうした「個人的な体験」を大事にしたいものです。

建物外や共有スペースなどとの兼ね合いも意識してもらえる仕掛けを

事業者とすり合わせを行う場合、１つの方法として、その業者の実績物件を案内しても

入居者の持ち込むインテリア
インテリアとは異なるが、高齢者であれば仏壇などを持ち込む人も多く、それを組み込めるスペースが想定できているのかどうかもチェックする必要がある。

■設計・施工業者に対して伝えるべきビジョン（例）

❶想定されるインテリアを念頭に置いた居室レイアウト

❷プライバシーが保護され、快適環境が保障されること

❸地域アクセスを重視し、生活が住居内で完結しない構造

らい、そのモデルルームなどで「実地」をもとに話し合うのも手です。その際は極力、自分のイメージに一番近い物件を選びましょう。

実地という点でもう1つ重要なのは、物件候補地に実際に出向いてもらい、地域環境との兼ね合いを意識的に話題に上げることです。これは、入居者の生活が建物内で完結するのではなく、地域社会へのアクセスをどのように配慮するか（出入り口への配慮など）という点について、設計・施工業者にもしっかり意識してもらうために欠かせないポイントです。

同様に、共有スペースなどについて、入居者が気兼ねなく利用できる開放性や明るさなどをどれだけ意識してもらえるかなども、すり合わせの課題に上げておきましょう。

POINT

●自分のビジョンをもとに仮図面を引き、それをもとに打ち合わせを行う

●業者の実績物件などに足を運ばせてもらい、実地をもとに話し合う手も

4-11 様々な届け出等の「抜け落ち」を防ぐために

全体のフローを進めていくうえで、大きな負担となりがちなのが各種届け出です。例えば、介護事業所を併設したサ高住を運営する場合を考えてみましょう。

サ高住にかかる届け出としては、①物件登記等にかかるもの、②サ高住登録にかかるもの、③補助金や融資を受ける際にかかるもの、などが挙げられます。

一方、併設事業については、①法人設立にかかるもの、②老人福祉法にかかるもの、③介護保険法にかかるもの、があります。そのほかに消防計画にかかる届け出や、食事提供を行う場合に保健所等への届け出（給食施設にかかる届け出）も行わなければなりません。

さらには税務申告や、人を雇っている場合の労働保険にかかる申告もあります。

これらについて、どこからどのように着手すべきなのか事前に整理しておきましょう。

事業スタートから逆算して、何の申請をすればよいかを一覧に

まず、サ高住の登録申請には、登録者の名称とともに法人である場合は屋号を記すことが必要です。ただし、その後に法人設立を行い、その名でサ高住運営を行う場合には登録

手続きの流れの基本

ただし、補助金を受けてから事業着手する場合など、先にサ高住登録を済ませておく方が流れとしてスムーズな場合もある。

内容の変更が必要になります。その点を考えたとき、まずは併設事業にかかる「法人設立」を行うのがベターでしょう。また、介護保険サービスなどの高齢者居宅生活支援事業を併設する場合、その旨についてもサ高住登録申請書に記す必要があります。

つまり、①法人を設立したうえで、②併設事業にかかる届け出を行い、③サ高住登録の申請を行う、ことが**手続きの流れの基本**となります。

この場合、いったんサ高住の登録を済ませた後に、併設事業の開始に伴って登録内容の変更申請を行うという流れも頭に入れておきましょう。このあたりの手順については、最初に都道府県窓口に相談しながら、計画的に進めたいものです。

いずれの申請においても、登録や指定の完了までに一定の日数がかかることを考えれば、「事業スタート」から逆算して、どのタイミングで何を行うべきなのかを1枚のスケジュール表として整

■届け出フローを整理する

A. サ高住本体にかかる届け出

❶物件登記等にかかるもの
❷サ高住登録にかかるもの
❸補助金･融資の申請にかかるもの

B. 併設事業にかかる届け出（介護事業の場合）

❶法人設立にかかるもの
❷老人福祉法にかかるもの
❸介護保険法にかかるもの

C. その他の届け出

●消防法（防火対象物工事等計画届出書、消防計画作成届出書など）　●保健所関連　●税務や保険関連

登録・申請に必要な期間を、それぞれ把握しておこう

えておくと混乱を防げます。また、申請内容ごとに、①何の届け出が必要か、②その際に必要な添付書類は何か、もチェックリストにまとめておきましょう。

消防署や保健所などにも事前に足を運んでアドバイスを受ける

やや複雑なのが、消防法令にかかる届け出です。サ高住の場合、そこで提供されるサービスが「安否確認や相談援助」に限られている場合と、共有スペースにおいて食事や健康管理サービス等が提供される場合では、消防法上の用途が異なります。

そのうえで、消防法上の必要とされる**設備等の規制**も異なり、各種届け出が必要になるケースがあるわけです。しかも、届け出に関しては、①「工事前」に必要なものと、②「工事後」に必要なものに区分されます。例えば、①については「防火対象物工事等計画届出書」など、②については「消防計画作成届出書」などがあります。

いずれにしても、サ高住の登録に際して、事前に管轄する消防署に相談することが必要です。同様に食事サービスを提供する場合の「保健所への届け出」についても、管轄する保健所との間で事前相談を済ませておきましょう。

このように、複雑な届け出がいろいろと必要になるわけですが、二度手間、三度手間にならないためにも、やはり基本は管轄機関に対する事前相談ということになります。申請スケジュールを組む前にひと通りの事前相談に足を運びましょう。

設備等の規制
サービスが見守り、相談援助、各住戸への訪問のみの場合は「寄宿舎、下宿または共同住宅」に該当し、11階以上はスプリンクラーが必要、といった規制がある。186ページ参照。

■フローをどのように進めていくか

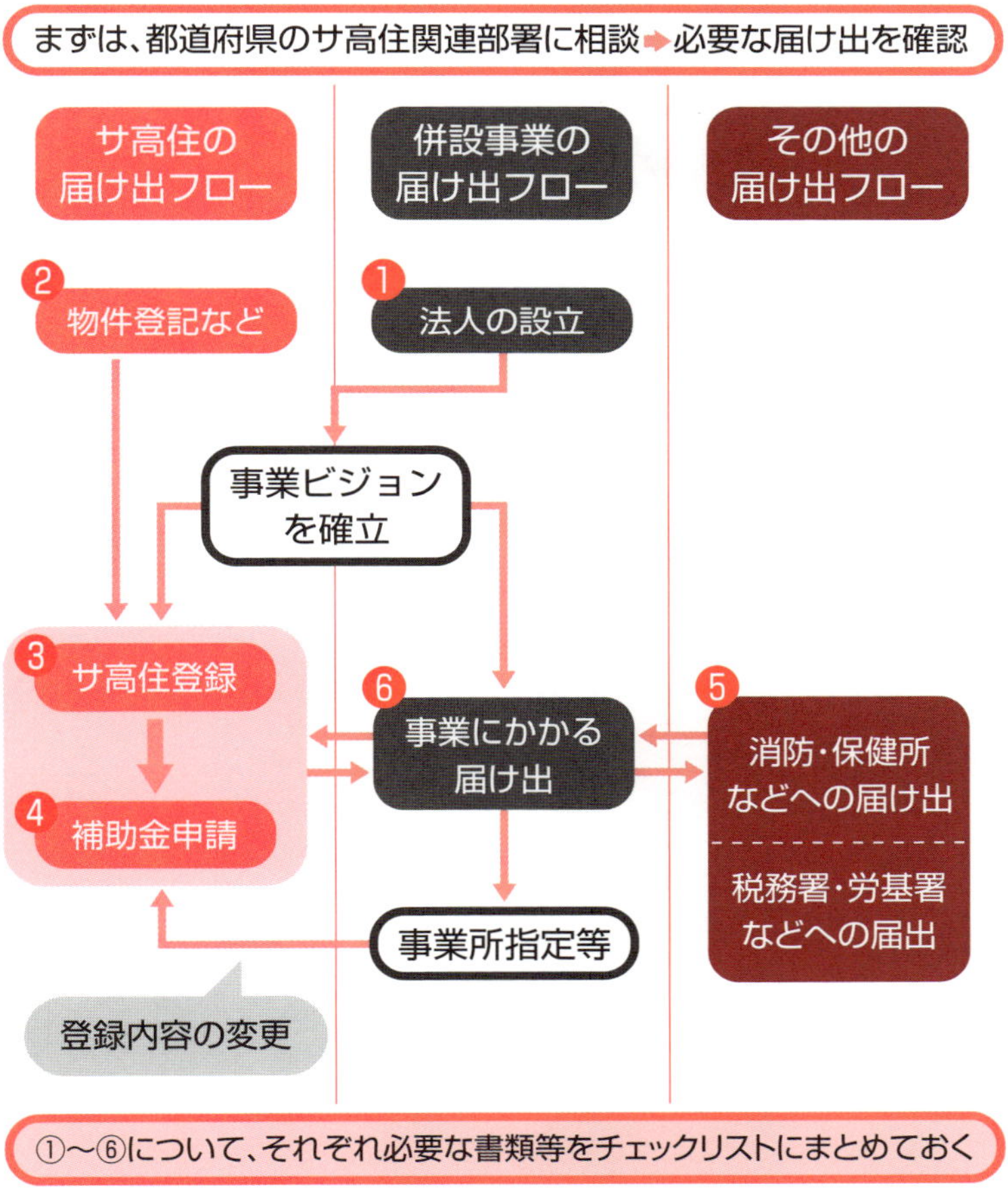

POINT

- **サ高住、併設事業、その他の届け出をチェックリストにまとめて漏れをなくす**
- **あらゆる届け出の前に、各管轄機関に対して事前相談を行うことが基本**

4-12 スムーズなスタートを切るためには「人集め」も重要に

サ高住の場合、建物だけ建てて、それを管理すればいいというものではありません。入居する高齢者の不安をどう解消するかという点が大きな付加価値となり、それを果たすことができるのは、やはり「人」でしかありません。

となれば、その「人」をどう確保し、育てるかがサ高住運営においては「命」にあたるといえます。

しかしながら、その確保というのは容易ではありません。サ高住の場合、「住宅」の管理者であるのか、「付帯サービス」の提供者であるのかが、一般にはまだまだ不明なところがあります。募集に際して、そのビジョンをわかりやすく示し、「こういう価値があるから、スタッフに対してこれだけの待遇をする」という根拠が理解されなくてはなりません。

求める人材像が「わかりにくい」と、サ高住の人集めは失敗する

ただでさえ、「求める人材像」が示しにくいわけですから、募集する側としては、はっ

資格を備えた
サ高住の業務内容が一般にはあまり認知されていない地域もある中、資格名だけを並べて募集するような求人は避ける。

きりと「こういう**資格を備えた**、こういうスキルのある人材」という主張を明確にする必要があります。単に「高齢者福祉の現場経験がある」というレベルで募集すると、応募者の中に「自分の考えていた職務と違う」という思いが必ず生じてしまいます。

例えば、安否確認・相談援助のための要員を募集する場合でも、地域によっては「古くからの自営業者」が住人の中心となるケースもあります。その場合、地域のしがらみなどを多様に抱えていることもあります。そのあたりの状況がわかる人材となれば、地元の在宅サービスで相談員などを手がけていた人材の方が理解力は高いといえます。

また、ソーシャルワーク的なスキルが必要であるなら、過去の実績はともかく、将来的に社会福祉士などの取得を目指しているという将来性を重視する方法もあるでしょう。

施設ケアの経験者を採用する場合には、「住居」について話し合う時間を

注意したいのは、「施設系で働いていた」という経験者

「施設」と「住居」の差異を理解できず、自分の行っている業務に迷いが生じることも……。

すでにスタッフがいる場合は面接に同席させて、望む人材を面接者に具体的にイメージさせる手もある。

です。こうした応募者の場合、時として、施設ケアの視点で「住居」をとらえてしまいがちです。

確かに、昨今の特養ホームなどは「脱・管理」や「入居者の生活尊重」を、意識的に押し出しているケースも増えています。とはいえ、集団生活が基本となる「施設」で身に付いたスキルは、「個々の入居者の独立した生活をどう支えるか」という部分において、根本の部分でズレが生じてくることがあります。そのことを本人が意識できないと大きな問題となります。

施設経験者に対しては、面接で「住居とは何か」について、時間をかけて話し合う機会をもちたいものです。

POINT

- スキルは乏しくても、地域事情に通じている人の方がベターな場合も
- 脱管理型の施設出身者でも、「住居」への理解を肌で感じているとは限らない

第5章

入居者に選ばれる運営の実際

5-1 運営開始の前に、整えておきたいビジョンは何か？

サ高住登録を行い、建物が完成し併設サービスの体制も整えたところで、いよいよ運営スタートとなります。しかし、ここでもう一度事業ビジョンを振り返りましょう。

サ高住の主人公は、あくまで入居者です。その入居者をどう確保するか。納得できる形での契約をスムーズに進めるにはどうしたらいいか。入居者個々のニーズによって、柔軟なサービス提供を実現していくには、どんなマネジメントが必要か——などです。

さらに意識しなければならないのは、もう一方の主人公である地域や社会による評価の向上です。長い目で見た場合、目先の数字よりも、経営的にはこちらの方が重要です。

例えば、地域の信頼を得られない場合、いざという時の**社会資源**によるフォローを受けにくくなります。高齢の入居者の状態像はちょっとしたきっかけで不安定になる中、不測の事態に対応するには自己資源だけでは間に合いません。

また、市町村の高齢者居住安定確保計画との整合性という観点からも、地域の実状に配慮することは不可欠です。

いかに、地域社会と融合させながら、サ高住を築き上げていくか。そのためのマネジメントをどう展開していくかが、サ高住にとって最大のテーマといえるでしょう。

社会資源
自治会長など地域のキーマンとの関係づくりにも留意したい。地域によっては、例えば「健康推進員」などのように、地域住民の保健・福祉課題を担っている役職が設けられているケースもある。その地域の伝統的な組織形態についても、あらかじめ調べておきたい。

■入居者と地域社会、両方の評価を得る

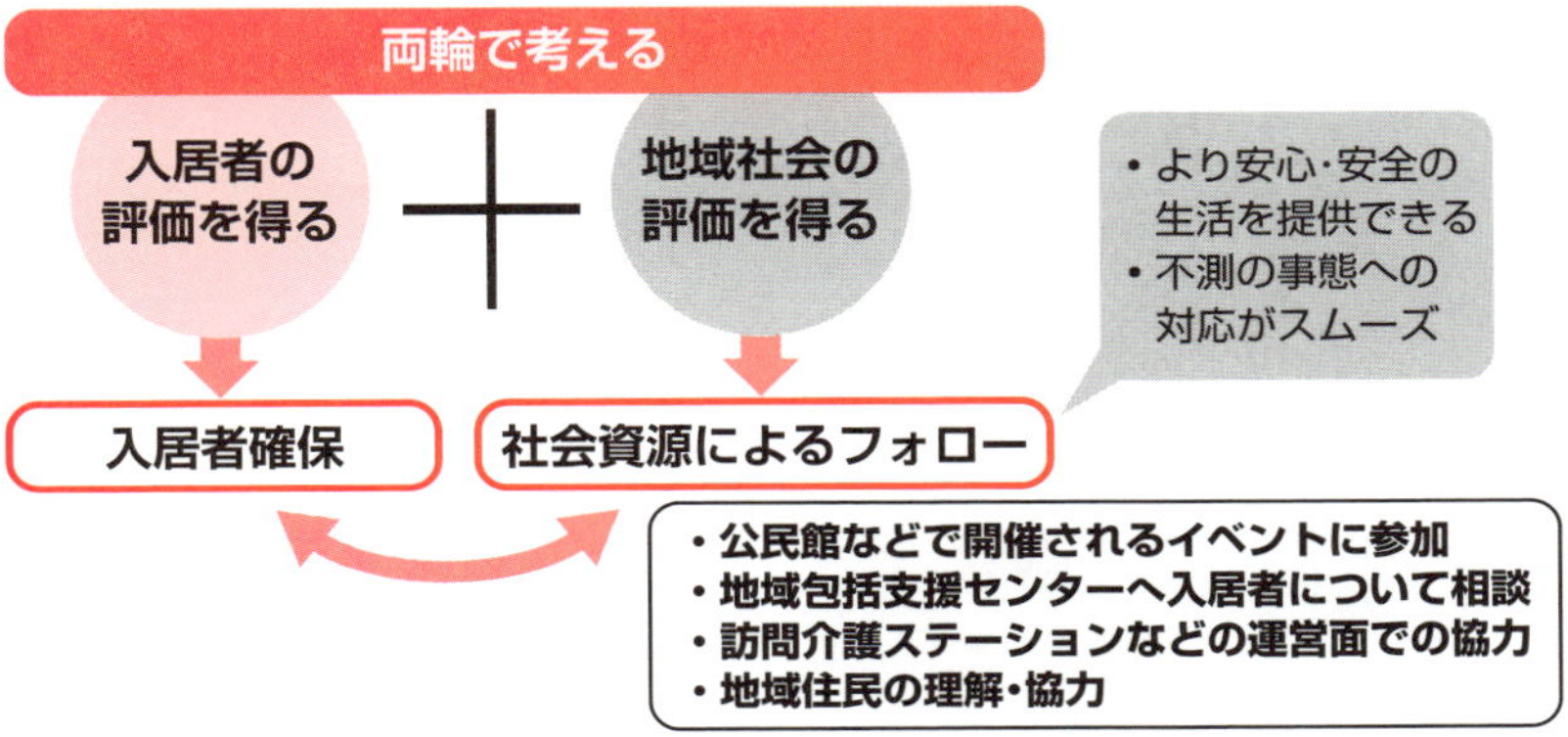

最も慎重さが求められるのが「入居者募集」

運営マネジメントを進めていくうえで、慎重な企画力が求められるのが、入口となる入居者募集です。立ち上げからの経営安定化を図るという意味だけでなく、この募集に際しての告知こそが、地域や社会の評価を左右する大きなポイントだからです。

また、告知をするということは、自らが事業ビジョンを改めて確認する機会にもなり、長きにわたるサ高住運営の足腰を固めることにもつながります。単なる「入居者募集」ととらえず、事業ビジョンの「棚卸し」なのだというとらえ方をしておきましょう。

POINT

- **サ高住の主人公は入居者と地域社会。常にこのニーズに立ち返ることが、運営の基本**
- **入居者募集の告知は、事業所評価を左右する。事業ビジョンの棚卸しにもつながる**

5-2 まずは地域に対しての説明を①専門機関や住民組織に出向く

入居者募集を行う際、いきなりネットなどで募集を行うのではなく、まずは地域に対して「ここがどのような住宅なのか」をきちんと説明します。そこで信頼を築くことが、スムーズな募集を展開していくうえで、大きな後押しとなるからです。

具体的には、大きく分けて2つの方法が考えられます。1つは、サ高住に対して興味をもっている機関等に出向いて説明を行う方法。もう1つは、より幅広い地域住民を対象として、説明会を催す方法です。後者には、個別に現地説明を行うケースも含まれます。

サ高住に興味を示している機関には、どのようなものがあるか？

まずは「出向いての説明」ですが、①どのような機関が興味を示しているか、②その機関が特に求めている情報は何か、という2点について分析を行います。

サ高住については、現代の**高齢者が抱えている様々な課題**に対する受け皿という期待が高まっています。それは住居の問題だけでなく、家族との折り合いが悪く身近で安否確認などが十分になされない、などといったケースも含まれます。

高齢者が抱えている様々な課題
住宅以外の問題として、本人や家族が「服薬や食事などをはじめとする、健康状況にかかる生活管理が十分にできない」といったことも考えられる。

こうした高齢者の多様な生活課題に対し、最も頭を悩ましているのが、相談窓口としての機能を有している地域包括支援センターでしょう。また、介護保険のケアマネジャーなども、利用者から「施設に代わる住まい」についての相談が多々寄せられています。

ここへ来て急速に関心を高めているのが、介護老人保健施設（以下、老健）や病院です。両者ともに、度重なる介護・診療報酬の改定により、「在宅復帰をさらに進める」ことが経営悪化を防ぐうえで至上命題になっています。しかし、特養ホームは原則要介護３以上が入所要件となっています。また、認知症がない人では、グループホームも受け皿とするのは困難です。

こうした受け皿不足に対し、事業所の管理者や病院でいえば地域医療連携室などに対してコンタクトをとり、建物やサービスの概要、入居費用等の資料を用意して説明に出向きます。

■地域に対して説明会を行う

入居・サービスに関する資料を用意して説明 → サ高住に興味をもっている機関
・自治会・民生委員の集まり
・介護老人保健施設
・地域包括支援センター　など

また、専門機関以外でも、自治会や民生委員の集まりなど、身近な地域課題を肌で感じている住民組織なども多数あります。こうした人々の定例会に出向く方法もあります。

現代的な福祉課題など、地域の機関が関心を寄せる機能をＰＲ

様々な専門機関や地域組織に出向いて説明を行う場合、②の「相手が求めている情報」に敏感になることが必要です。特に、福祉や相談業務にかかわる専門機関は、常に多忙であり、相手にとってピンポイントの情報を提供しないときちんと受け取ってもらえないことがあります。例えば、地域包括支援センターであるなら、現状で抱えている**地域課題にフィットする情報**を求めています。日頃から、こうした情報を整理して「今、何が課題なのか」を分析しましょう。

昨今では、１人暮らし高齢者の「孤立死」などが問題となっています。こうしたリスクには、包括だけでなく一般の自治会なども敏感になっているはずです。

そこで、安否確認などのサービスや夜間における緊急時の通報装置などをどのように備えているか――この点に力を入れてＰＲを行っていくことも重要でしょう。

サ高住に医療や介護の事業所を併設する場合、そちらの資源自体に興味があるというケースもあります。サ高住本体の説明はもちろん欠かせませんが、併設する事業に対する説明に比重をかけていくということも、付加価値のＰＲとしては有効でしょう。

地域課題にフィットする情報
ほかにも、自治体や社会福祉協議会が発行している福祉関連の広報紙などを見ると、その地域の福祉課題などがトピックスで示されていることがある。

■「説明先」はどのような情報を求めているか？

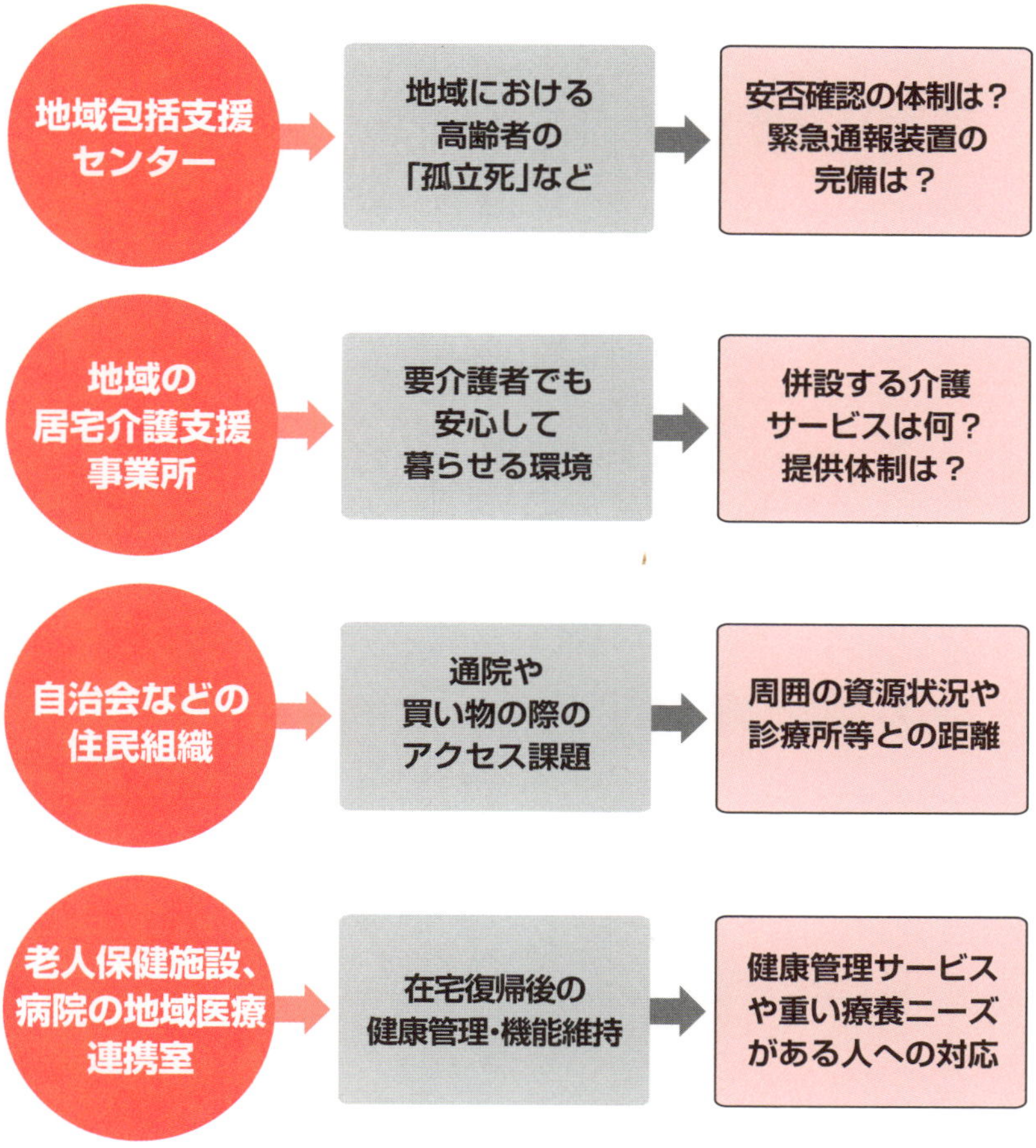

POINT

- 包括や居宅介護支援事業所のほか、在宅復帰への圧力が強まる老健・病院などもサ高住に関心
- 「孤立死」対策への関心は高く、安否確認や緊急通報装置に対して敏感に反応

5-3 まずは地域に対して説明を②
地域住民対象の説明会を開催

サ高住を長く存続させるためには、「貴重な資源である」ことを地域に浸透させていくことが欠かせません。この点を考えたとき、まずは**地域住民を対象**とした説明会を開催し、サ高住という資源が地域にとってどんな意味をもつのかを理解してもらうことが必要です。

数年前、無届け高齢者施設での火災で多くの入居者が亡くなった事件がありました。その施設自体は地域住民との交流が薄く、亡くなられた人も遠方から移住してきた人が多いため、「あの施設は何か」が地域でも理解されていない状況がありました。

これでは、一定のサービスが提供されていても、入居者は地域から孤立しがちで「社会参加」を通じての生活の質向上はなかなか望めません。

地域住民にとって「当事者意識」がもてる情報の提供を心がける

説明会においては、①サ高住としての事業ビジョンを伝える、②（入居者がまだいない状態で）内部を見学してもらう、③そのうえで入居者募集を行っている旨を伝える――この流れを基本とします。説明会の冒頭から「入居者を集める」ことを前面に打ち出してし

地域住民を対象
地域に対してどのような施設であるかの説明は、開設時だけでなく、継続的に行っていこう。例えば、自治会主催の祭りに入居者を誘って屋台を出すなど、地域のイベントには積極的に参加し、存在をアピールしたい。地域住民との交流にもなる。

■地域に対して何ができるかを考える

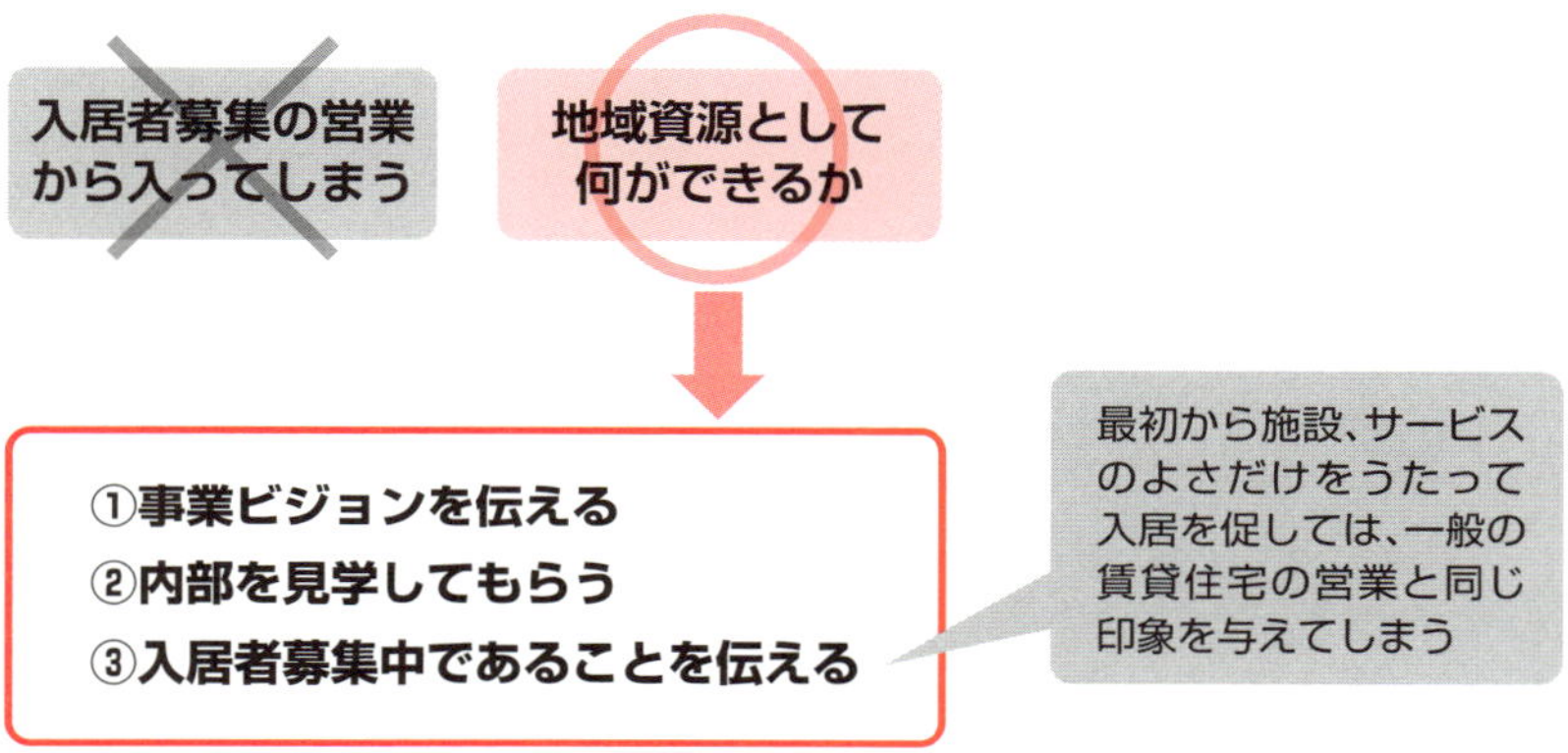
入居者募集の営業から入ってしまう
地域資源として何ができるか
①事業ビジョンを伝える
②内部を見学してもらう
③入居者募集中であることを伝える
最初から施設、サービスのよさだけをうたって入居を促しては、一般の賃貸住宅の営業と同じ印象を与えてしまう

まうと営業色が強くなり、「地域資源としてのビジョンを伝える」という目的がぼやけがちになるからです。

まず①の事業ビジョンですが、住民の参加意欲を高めるうえで、「地域にとってどんな役に立つか」を強調します。例えば、「安否確認や健康管理、食事サービスの提供で、高齢者の安心と健康を築く」ことをテーマにするとします。

これはあくまで入居した場合のサービスですが、地域にも開放する併設の医療・介護サービス事業所から提供するのであれば、地域住民もメリットを享受できるわけです。その点をまず強調することで、住民にとっては「自分たちにもかかわりがある」という入口からサ高住運営に関心をもってもらうことができます。

その際、説明会の場で、**スタッフによるデモンストレーション**などを併せて行ってもいいでしょう。

スタッフによるデモンストレーション

例えば、介護予防サロンを併設するのであれば、機能訓練指導に携わるスタッフによって「家でできる介護予防体操」を指導する。あるいは、配食事業などを併設するのであれば、担当する栄養士による「健康づくりの料理講座」などが考えられる。

内部見学に際しては、緊急通報装置などのインフラもきちんと公開

こうしたデモンストレーションを通じた説明会の後、内部見学をしてもらいます。居室に関しては、構造的（バリアフリーなど）な説明や入居費用に関する説明のほか、緊急通報装置などのインフラ情報をきちんと公開することが有効です。スタッフの詰所や併設事業所もきちんと公開します。サービスの拠点であることから、内部の設備はもちろん、ポイントは「人」にある点も重視しましょう。

例えば、初期スタッフがすでに採用できている場合、説明会当日には全員に集まってもらい、1人ひとり紹介します。こうした「顔の見える関係」を築くことが、地域住民にとっては大きな安心と信頼につながっていきます。

内部見学に際しては、参加者からの質問も自由に受け付けます。昨今は耐震構造など、建築構造にかかる関心も高まる中、担当した建築士に同行をお願いしてもいいでしょう。

当日は、地域のケアマネジャーなどが「利用者に状況を伝えるため」に参加してくることも考えられます。介護保険等の制度面について、きちんと答えられる人材も同行させ、即答が難しい質問については日を改めて「回答する」ことを約束します。とにかく、信頼づくりというテーマを常に頭に入れておくことが求められます。

POINT

- 「自分たちにもかかわりがある」ことを実感してもらえるデモンストレーションを
- 耐震構造や制度にかかわる質問などに対応するべく、専門職に同行をお願いしたい

■内部の見学時に伝えたいポイント

内部見学は、施設のよさをアピールすること以上に、信頼づくりを念頭に置こう

バリアフリー

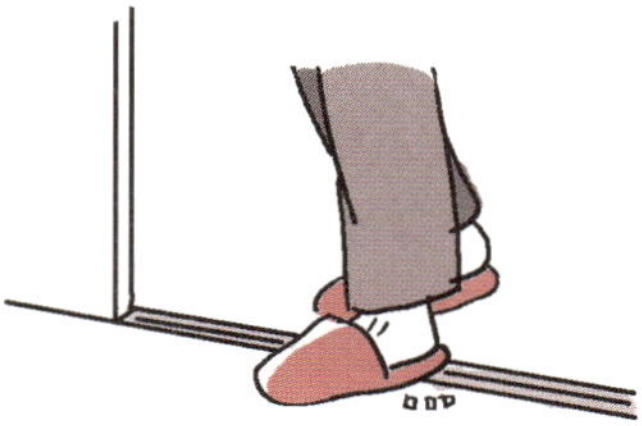

費　用

緊急通報システム

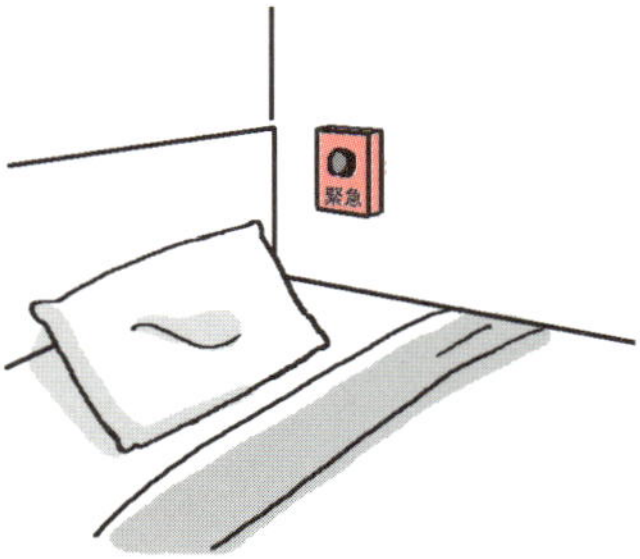

スタッフ

スタッフの詰め所は、サービスの拠点

どの人がどのような業務を担当するのか、経歴等含め１人ひとりていねいに紹介する

常駐するスタッフ以外にも、介護保険等の制度面について回答できる人を見学会に同席させる

5-4 入居者を確実かつ安定的に集めるための「募集方法」

入居者募集に関しては、ネット告知などのほか、地域の信頼できる不動産業者などを介して行います。前項のような説明会を開催した際には、その場でパンフレットなどを配布して「実地告知」も行います。内部見学などを一定期間受け付けて、その場で運営内容についての告知チラシやパンフレットなどを配布する方法もあります。

この場合、登録要件に示された「**誇大広告の禁止**」などにのっとっているかどうかに十分注意しましょう。例えば、物件の付加価値を上げたいがゆえに、「近隣にこんな施設があり、いつでも利用できます」といった表記をしたくなるものですが、受け取る側にとっては「そのサ高住が運営するもの」という誤解を生じさせかねません。特に心得ておきたい点といえます。

公的機関が運営するサイト・相談窓口からのルートも想定する

ところで、サ高住の場合、一般社団法人すまいづくりまちづくりセンター連合会が運営する「サ高住情報提供システム」において、登録物件の概要が公表されます。また、自治

誇大広告の禁止
高齢者住まい法第15条に記されている。左ページ図参照。

■入居者に誤認を生じさせる表示は禁じられている

誤解を与えるような広告は禁止されている。
入居募集の際には、少しでもよく見せようとなりがちなので、要注意

↓

入居後のトラブル、ひいては地域社会の信頼を落としかねない

高齢者住まい法　第15条

誇大広告の禁止
登録事業者は、その登録事業の業務に関して広告をするときは、入居者に提供する高齢者生活支援サービスの内容その他の国土交通省令・厚生労働省令で定める事項について、著しく事実に相違する表示をし、又は実際のものよりも著しく優良であり、若しくは有利であると人を誤認させるような表示をしてはならない。

広告に関係する告示

国土交通省・厚生労働省関係高齢者の居住の安定確保に関する法律施行規則第22条第1号の国土交通大臣及び厚生労働大臣が定める表示についての方法

第2条 登録住宅の入居者の利用に供される施設又は設備について表示する場合において、当該施設又は設備が次の各号のいずれかに該当するときは、その旨を明瞭に記載することとする。

1. 当該登録住宅に係る登録事業者が設置しているものではない施設又は設備
2. 当該登録住宅の敷地内に設置されていない施設又は設備
3. 入居者が利用するためには、利用するごとに費用を支払う必要がある施設又は設備

施設内の設備であっても、利用料金がかかるものについては、その旨の説明が必要

「こんな施設が近くにあります！」とだけうたうのはNG
↓
○「当事業者が運営する施設ではありません」の一文を併記

体によっては、高齢者のための住み替え相談などを専門的に手がける窓口などが設けられているケースもあります。

つまり、サ高住を本気で探そうという人については、公的機関が運営するルートを通じて申込みがくるケースもあるわけです。

となれば、入居者募集の告知もさることながら、当事者や関係者からの問い合わせに対して、いかに的確な対応ができるかが大きなポイントといえます。

あらかじめ想定される問答集などをマニュアル化しておくことも必要ですが、即答できない場合に「いつまでに、どのような手段で」回答するのかというフローも整えておきたいものです。もちろん、対応に際しての接遇なども事前にシミュレーションしておきます。

サービス付き高齢者向け住宅　情報提供システム
(http://www.satsuki-jutaku.jp/)

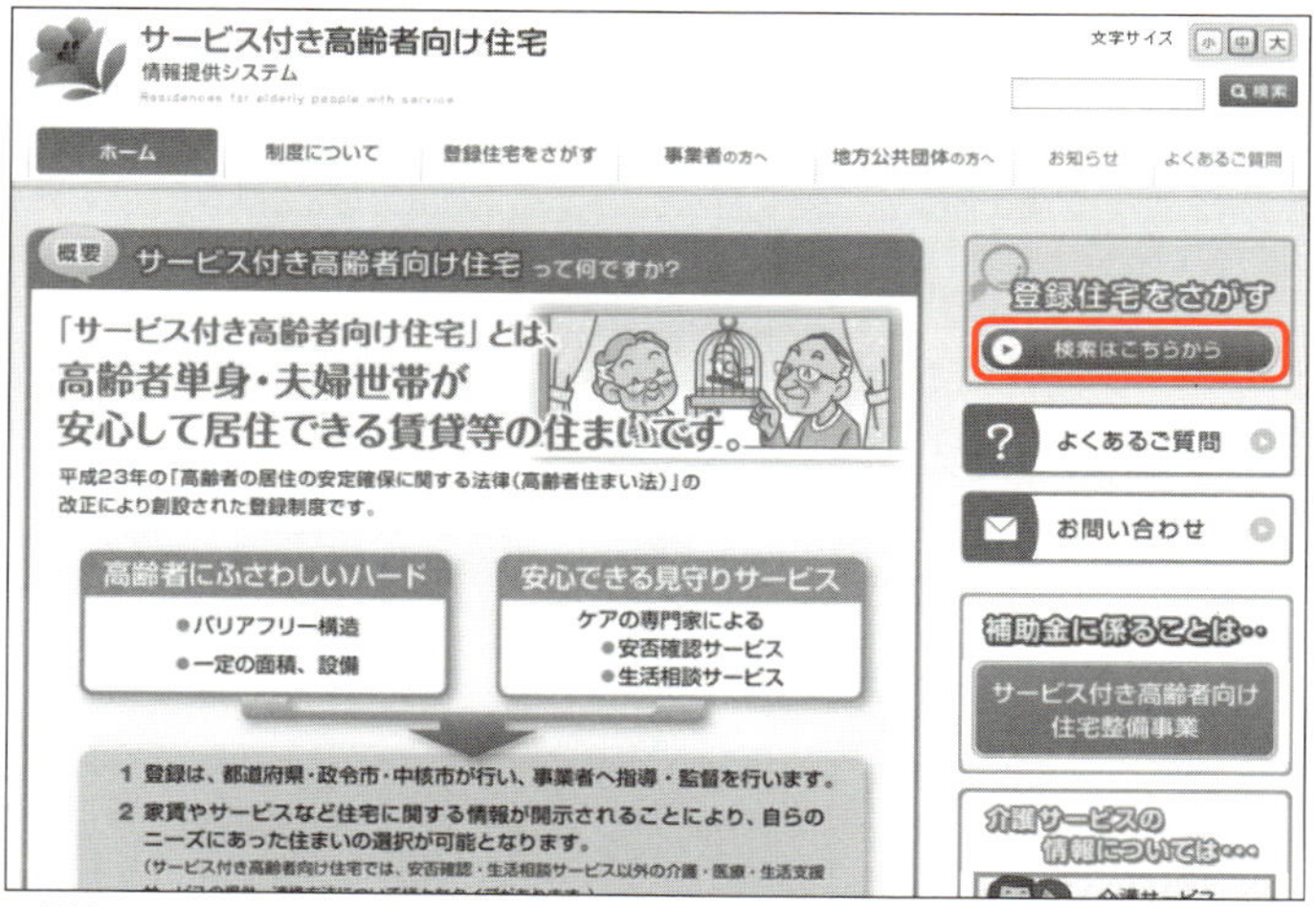

一般社団法人すまいづくりまちづくりセンター連合会が運営しているホームページ。サ高住として登録された物件を探す場合は、画面右の「検索はこちらから」をクリックする。事業者向けの情報も多数掲載されており、登録時には何度も訪れることになるサイトだ（第2章参照）。

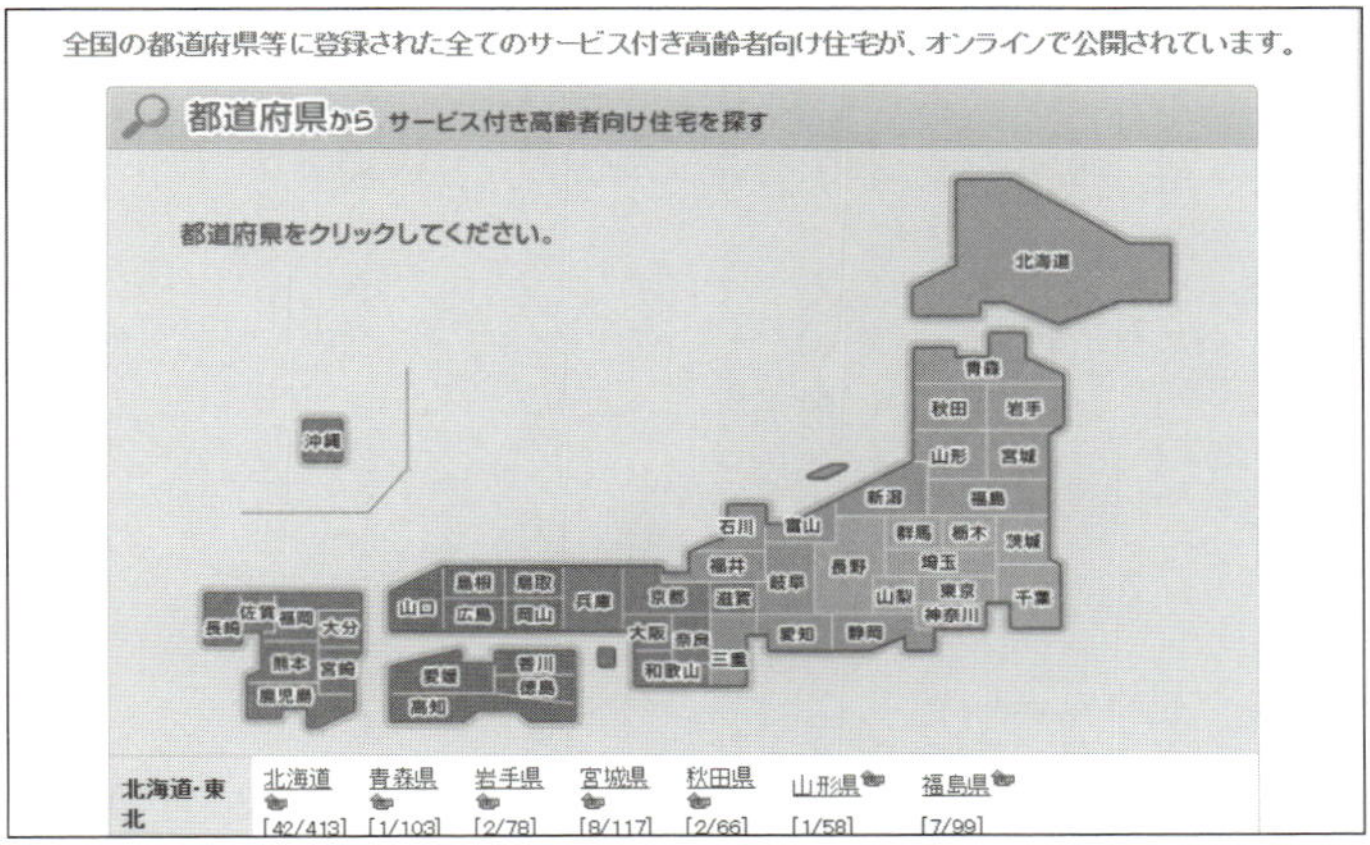

都道府県ごとに登録物件の一覧を見ることができる。この画面下で、家賃等の条件を絞り込んでの検索も可能だ。

上記画面で都道府県を選択すると、一覧が表示される。住宅名をクリックすると、その物件の詳細が表示される。

POINT

●誇大広告への誘惑はつい生じてしまうもの。内部のチェック体制を十分に強化したい

●告知よりも相談対応の質が重要になることも。対応マニュアルなどの完備を心得たい

5-5 相談から受付、契約までの流れ①
入居者との面談・説明など

入居者の申し出があった場合、まずサ高住の登録事項をはじめ、**法施行規則第20条**に掲げられた事項について、書面を交付しつつ説明を行なわなければなりません。

注意したいのは、第三項にある「介護サービスにかかる説明」です。入居希望者の中には、「すべてのサ高住は介護保険のサービスがセットになっている」という誤解を持つ人もいます。そこで、サ高住と介護保険サービスの関係について、きちんと整理して示すことが必要です。多くの運営者は介護保険制度にも通じているため、つい「相手もこれくらいは分かっているはず」という先入観が生じがちです。まず、これを払しょくします。

介護サービスがセットになっているか否かという部分の説明について

サ高住はその名のとおり「住居」であり、「施設」ではありません。そのため、基本としては、介護保険サービスを使う場合は一般の在宅サービスと扱いが同じになります。

一般の在宅サービスでは、利用者はまず自分が選択したケアマネジャーとまず契約し、そのケアマネジャーが作成するプランに基づいて必要なサービスを選び、各サービスと個

法施行規則第20条
正確には、「国交省・厚労省関係高齢者の居住の安定確保に関する法律施行規則」。その20条には、家賃等の前払金の返還債務が消滅するまでの期間など5項目がかかげられている。

■「特定施設入居者生活介護」サービスの構造

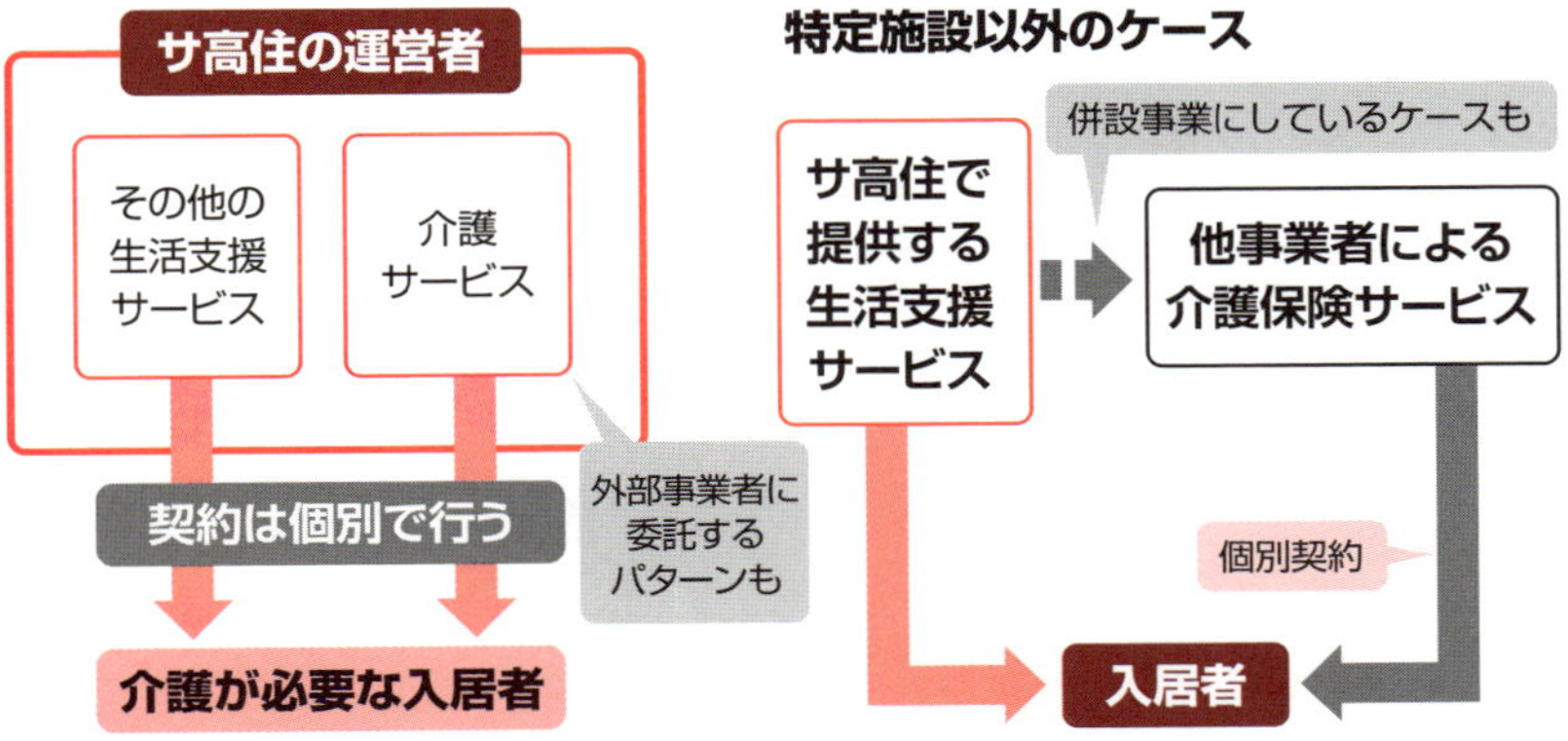

別に契約を結んでいきます。サ高住でも、基本はこのスタイルとなります。

ただし、例外的なパターンもあります。それは、サ高住が有料老人ホームの定義にもあてはまっている場合、そのサ高住は介護保険法における**特定施設入居者生活介護**（以下、特定施設サービス。介護予防や地域密着型含む）の指定を受けることができる点です。

この場合、入居者に介護が必要になったら、原則としてサ高住から特定施設サービスが提供されます（外部事業者に委託する「**外部サービス利用型**」もあり）。もちろん、特定施設サービスを利用するには、入居契約とは別の契約が必要になりますが、最初から「介護保険サービスがセットになっている」と考える入居希望者の多くは、このパターンを頭に描いているわけです。したがって、仮に自法人のサ高住が特定施設サービスを提供していない場合でも、「そ

特定施設入居者生活介護
介護保険の居宅サービスの一つで、特養ホームなどと同じように「その建物内で利用者の介護にかかるサービスを包括的に提供する」もの。ケアマネジャーも、サ高住内に常駐して利用者のケアプランを作成する。

外部サービス利用型
外部サービス利用型については、基本部分の料金（報酬単位は1日82単位）に、プランにもとづいた訪問介護・看護などのサービス料金が限度額までプラスされていく。

れとどう違うのか」といった説明をきちんと行なうべきでしょう。

「一般型」で問題となっている「囲い込み」の不安解消も重要に

ところで、特定施設サービスを提供していないパターン（仮に一般型とします）では、別の課題が浮上しがちです。それは、特定施設サービスは提供していないが、何らかの介護保険サービス事業を併設している（あるいは、自法人で運営している）場合において、利用者の「サービスの選択権」をおかしかねないケースです。

たとえば、ケアマネジャー業務を行なう居宅介護支援事業所やデイサービス事業所を併設しているとして、入居希望者に対し、あたかも「サービスがセットになっている」と思わせるような説明するというケースが見られます。

「介護保険サービスがセットになっている」ことを希望する人にとっては、「ありがたい」となるわけですが、問題なのは、「そのサービスしか受けられない」といった誤解を抱いてしまうことです。事業者の中には、その部分をあいまいにした説明をすることで、「利用者を自法人のサービスに誘導する」（つまり、囲い込み）という過度な営業色を前面に出してしまうケースが見られます。

こうした「囲い込み」は国や自治体も問題視していて、実際に利用者からの報告を受けて指導が入るケースも増えています。特に注意したい点といえます。

POINT

- **「一般型」の介護サービスと特定施設サービスの違いについて、どのような契約なのかていねいな説明を**
- **一般型は、利用者の「囲い込み」を狙うような説明は行政指導の対象なので、厳に慎みたい**

■入居者への事前説明のポイント

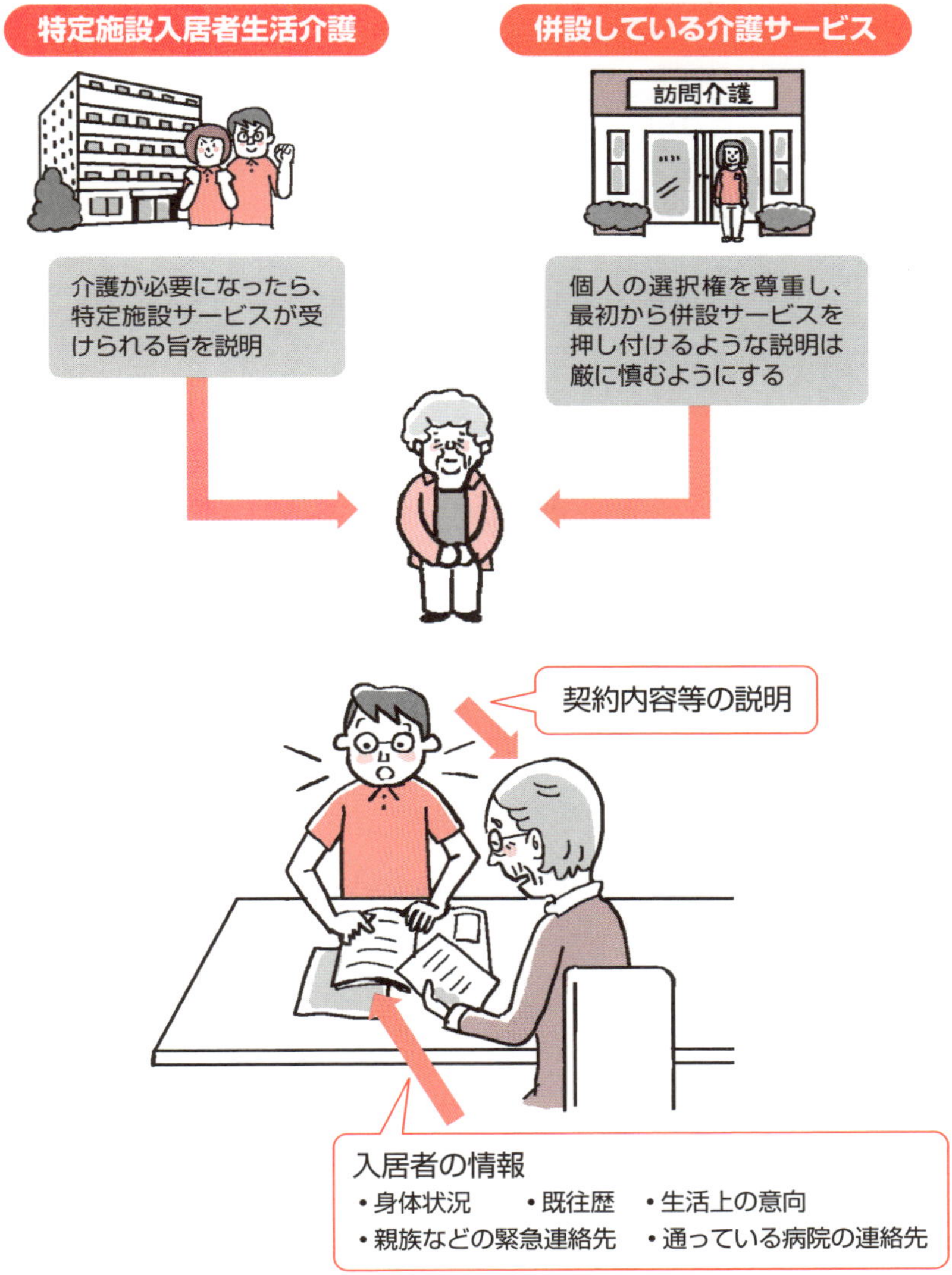
特定施設入居者生活介護
併設している介護サービス
訪問介護
介護が必要になったら、特定施設サービスが受けられる旨を説明
個人の選択権を尊重し、最初から併設サービスを押し付けるような説明は厳に慎むようにする
契約内容等の説明
入居者の情報
・身体状況　・既往歴　・生活上の意向
・親族などの緊急連絡先　・通っている病院の連絡先

事業者側の情報を伝えるとともに、入居者側の情報を聞き取ることも重要

5-6 相談から受付、契約までの流れ②

契約に際して特に注意すべき点

重要事項説明書や契約書のひな形などについては、本書巻末資料を参照してください。

大切なのは、文書の提示だけでなく、口頭できちんと説明することです。

その際、ただ重要事項や契約書の内容を読み上げるだけでなく、入居者の立場で「これはどういう意味なのか」をかみくだいて解説することが大切です。

さらに、大きな項目ごとに質問点や不明点がないかを確認していきましょう。全体の説明を通して質問を受け付けると、説明を受けている側は要点をつかみにくくなり、「実は重要なポイントなのに、質問として上がってこない」ということが起こりやすくなります。

前払い金の返還債務は、入居者にとって気になる点の1つ

特に注意したいのは、やはり「お金」にかかる部分でしょう。

家賃等にかかる費用の明細や**家賃の算定基礎**については、すでに述べてきました。もう1つ重点をおきたいのは、①前払い金の返還債務がいつ消滅するのか、②返還債務が消滅する前に契約が解除された場合に、前払い金の返還額がどうなるのか、という点です。

家賃の算定基礎
第2章3（61ページ）参照。

これについては、できれば時間の経過を軸として、返還額をグラフ化したものを示すとわかりやすくなります。事業者側としては、できれば説明を簡単に流しておきたい部分ではありますが、そういう点こそ「説明に力を入れる」という姿勢が、後々の入居者側との信頼関係を維持していくうえで重要になることを心得ましょう。

可能であれば、事前に「重要事項説明」や「契約過程」について内部スタッフを入居者に見立ててシミュレーションを行います。これにより、入居者の視点に立つことができ、どのあたりが気になるかをチェックしやすくなります。

■重点的に説明しておきたい箇所

①前払い金の返還債務の消滅期限
②返還債務が消滅する前に契約が解除された場合の、前払い金の返還額

2016年10月1日入居、前払い金180万円の場合の返還債務提示の例
退去日ごとの前払い金返還額

2016年	返還額	2017年	返還額	2019年	返還額
10月2日	1,798,000円	1月	1,680,000円	1月	240,000円
10月3日	1,797,000円	2月	1,650,000円	2月	210,000円
10月4日	1,796,000円	3月	1,620,000円	3月	180,000円
12月30日	1,711,000円	11月	1,380,000円		
12月31日	1,710,000円	12月	1,350,000円	9月	0円（前払い金の返還債務の消滅）

入居から3カ月は日割計算

POINT

- **契約に際しての入居者からの質問は、項目ごとに区切って受け付けることが大切**
- **スタッフを相手に契約の状況をシミュレーションしておき、気になる点をチェック**

5-7 サ高住の「サービス」を進めるためのマネジメント

サ高住においてサービスを提供する場合、それが介護保険サービスであるなら、アセスメントからプランニング、モニタリングという流れは、公的にも確立されています。

しかしながら、最初から付帯しているサービス……つまり、安否確認や相談援助、家事援助等の生活サービスなどについては、個別対応のマネジメントが十分に練られないまま、決まった内容を決まった状況で提供することになってしまいがちです。

入居者の生活は1人ひとり、みんな違うわけですから、その**個別性**をきちんと受け取ったうえで対応しなければ、顧客満足との間で少しずつズレが生じます。

このズレは1日単位では微々たるものですが、解消されずに蓄積されると、ある段階で大きな不満・不信となって噴出します。「実は小さな不満が蓄積していたのだ」という点に敏感になっていないと、相手に対して「単なるクレーマー」というらく印を押してしまいかねません。それが、また入居者や地域との関係をこじらせることになります。

こうした事態を防ぐために、あらゆるサービスにおいて、入居者の個別性に基づいたプランニングを行うことが重要です。流れとしては、介護保険サービスなどと同様です。

つまり、①「契約段階でのフェイスシートをもとに、サービスにかかる意向や本人の状

個別性
あくまで住宅である以上、入居者の生活は様々。例えば、外出が好きでよく出かける人が、そのたびにスタッフから「どちらまでお出かけですか」と声をかけられ「他人のプライバシーに踏み込みすぎ」と思う人もいれば、一方でたまに出かける人はそのひと声が「気にかけてくれている」という安心になる、など。生活のスタイルも性格も異なる点を考慮に入れておきたい。

■「個別ケア」の視点でサービス提供を

入居者の
「生活状況」
「課題・不安」
「心身の状態」

→ いつ？　どのくらいの頻度で？

→ 誰が？　どのようにして？

→ 現場対応での留意事項は？

態像などをアセスメントする」ことから始めます。この**アセスメント情報**からは、様々な課題が読み取れるわけですが、②「それを分析することで、その人にとってどのような状態となることが望ましいのかという目標を設定」します。目標設定がなされたら、③「その目標に近づけていくため、サービスの提供方法をどのようにアレンジすればいいのか」というプランニングを行います。

例えば、安否確認サービスに当てはめてみましょう。①においては、「本人の生活サイクル」はどうなっているか、それに基づいて、「安否確認してほしい時間帯や声のかけ方はどうあるべきか」を聞き取ります。さらには「頻尿で夜間にトイレに立つ回数が多く、その際にふらつくリスクがある」とするなら、夜間の転倒リスクに対応できるだけの人員やシステムはどのようにあるべきか——こうした課題が浮かんでき

アセスメント情報
生活意向のアセスメント情報は、意外に一面的である場合が多い。入居者本人と会話する機会を設けつつ、伝えづらかった本音などがないかを確認し、随時情報の上書きを心がけよう。

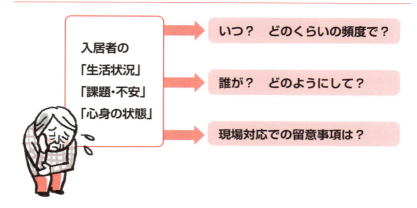

ます。

そのうえで、「サービスのあるべき姿」について目標を設定し（②）、現実の人的資源などとの兼ね合いで、どこまでならアレンジできるのかをすり合わせます（③）。

もちろん、入居者が望むレベルまでは現実的に不可能という場合もあるでしょう。そうしたケースであっても、「入居者と話し合いながら、少しでも意向に近づける」という機会を重ねることが重要です。その過程自体が、相手から信頼を得ることにつながっていくからです。

PDCAサイクルを常に意識することが、入居者満足への近道

サービス提供のあり方を固め、入居者との合意に至ったならば、それをプランとして保存します。そのうえで、定期的に「スタッフ間のミーティング」や「入居者との面談」を重ね、改善すべき点はないかを検証します。つまり、④モニタリングをかけるわけです。

入居者にとっては、心身の状況も少しずつ変化し（例えば、季節によって気分の落ち込みや不安感が募るなど）、「もう少し、こうした気遣いをしてほしい」と考える瞬間も訪れます。それをきちんとくみとったうえで、改善できる点はないかを探っていくわけです。

この「プラン⇒実行⇒評価⇒改善」は、いわば**PDCAサイクル**にあたります。どのようなサービス提供でも、このPDCAサイクルを基本に据えることを忘れてはなりません。

PDCAサイクル
業務管理をスムーズに進める手法の1つ。第3章9（116ページ）参照。

■サービス提供のプランニングの流れ

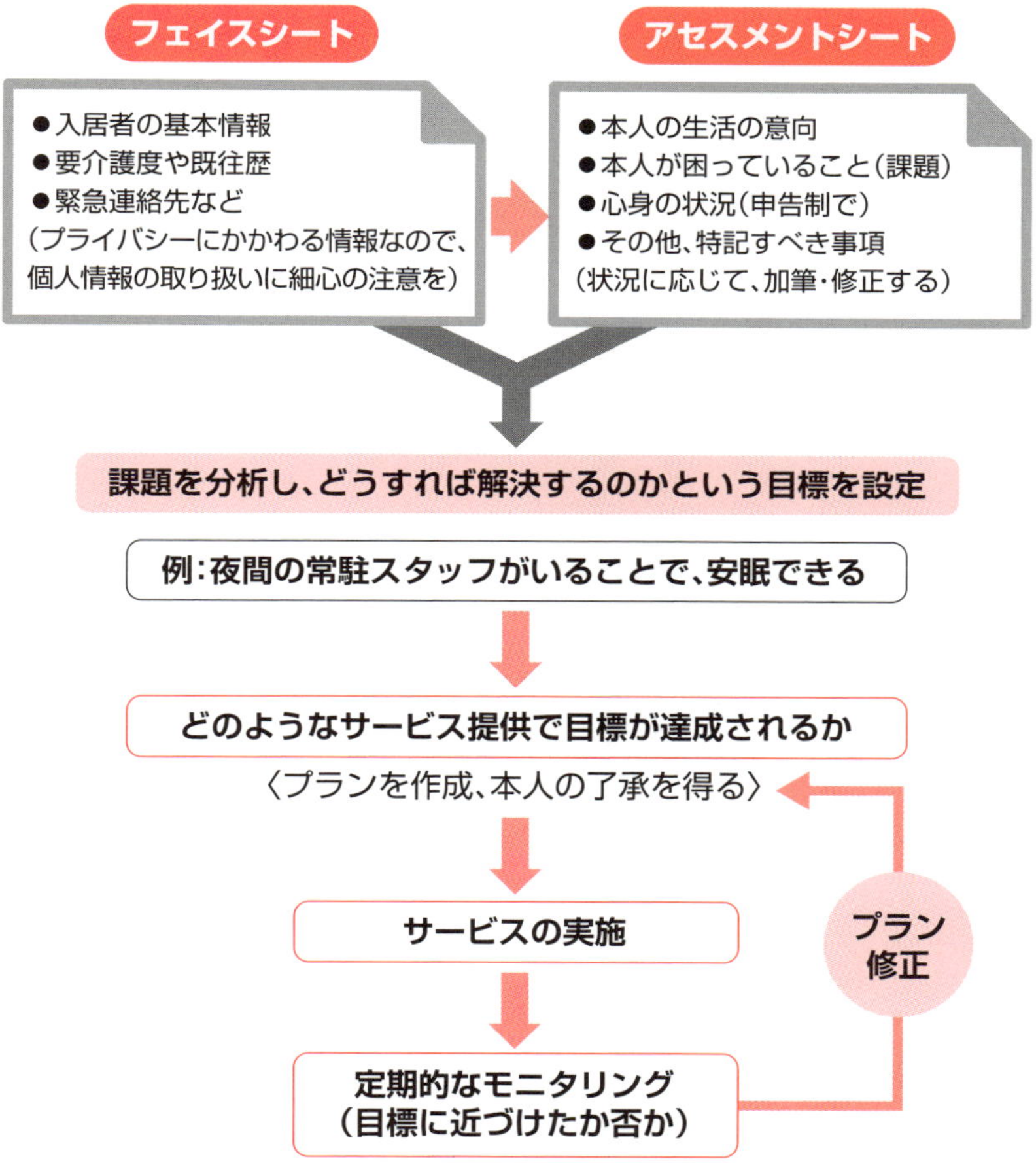

POINT

●アセスメントから課題分析、目標設定という流れの中で、入居者とすり合わせを行う

●現在行っているサービスについて、定期的に入居者からモニタリングをとり、改善につなげる

5-8 それでも起こるトラブル・苦情・緊急相談——対応の基本とは何か？

ていねいなサービス・マネジメントを心がければ、様々なリスクのすそ野を狭くすることで、水面上に現れる苦情やトラブルを減らすことは可能です。しかしながら、「人」を相手にする事業において、不測の事態をゼロにすることは難しいといえます。

大切なのは、「ゼロにはできない」が、再発を防いだり事態をこじらせないようにすること。そのための対応力が問われてきます。

基本に置きたいこととして、①正確な事態把握を心がけること、②解決までの過程を含めて入居者への**リターンを細かく行う**こと、③状況を必ず記録にして再発防止に向けた対応策を固めること、が挙げられます。それぞれの具体策を掘り下げてみましょう。

絡み合った課題をていねいに解きほぐすことが、すべての基本

①については、まず当事者の話をきちんと聞くことです。苦情やトラブルが表に出てくるまでには、水面下に相当な不信・不満やトラブルの種が存在しています。それゆえに、当事者本人も「課題の本質」が整理できていないことが多く、時に感情が先に立つことも

リターンを細かく行う
具体的な対応がすぐになされる、なされないにかかわらず、どのような状況なのか、検討の進行具合なども随時伝えるようにしたい。

■苦情・トラブル対応の基本フロー

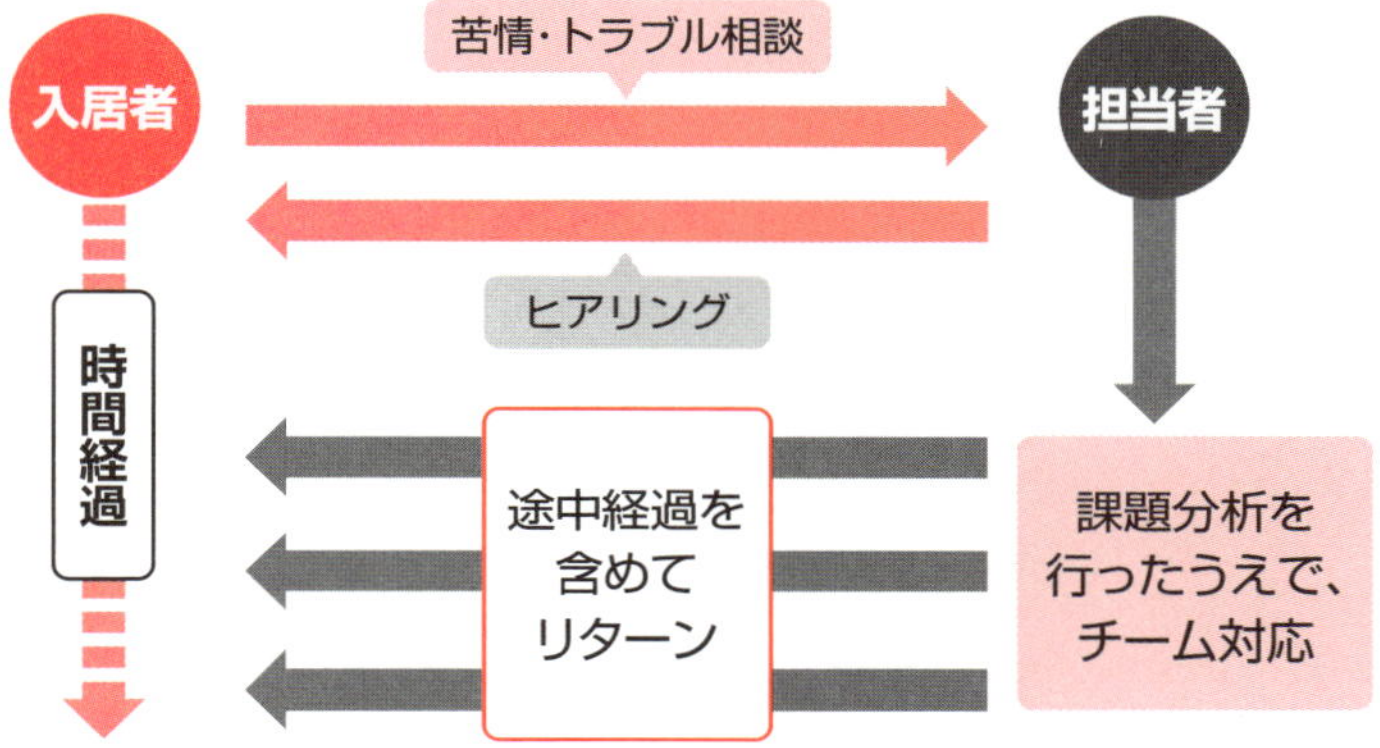

あります。これをじっくり解きほぐすことが、結果的に解決までの近道となります。

注意したいのは②で、たとえ解決までの道のりが長くても、当事者は「何かしらの早期のリターン」を求めています。「解決が長引く」からと、具体的な方策が固まるまで放っておけば、それだけで当事者側のストレスが増大します。

しかるべき立場の人（管理者など）が、状況を逐一当事者に伝えることを心がける――これが信頼関係を修復する最善策となります。そのうえで③を実践し、当事者のプライバシーや個人情報に配慮しつつ、入居者全体にトラブル解決・再発防止の状況を公開します。

POINT

- 解決までの道のりが遠くても、当事者側への細かいリターンを欠かさないようにする
- 解決策・再発防止策を十分に練ったうえで、その内容を入居者全体に公開、信頼を築く

5-9 災害時の安全確保マネジメントはどう進めるべきか

東日本大震災では、高齢者が居住する建物なども数多く被災しました。こうした大規模な自然災害はもちろんですが、一般の火災時などにおけるサ高住の対応も問われています。消防法令ではサ高住についての防火体制を定めていますが、それとは別に、災害時の避難誘導などの対応について、常日頃から訓練やシミュレーションを行うことが必要です。

サ高住の場合、入居者が「高齢者」であるゆえに、非常口などを確保していても逃げ遅れて煙にまかれたりする危険が高まります。夜間の人員配置の問題もありますが、やはり人による声掛けや誘導について、被害を防ぐノウハウの確立が重要です。

延焼スピードを遅らせる環境づくりと避難誘導の最優先

高齢者施設等における火災事例を見ると、出火した際、その場にいた職員などが「何から手をつけていいのか」と迷うことで初動に遅れが生じがちです。

例えば、夜間に職員が一人である場合、消火器で火元を消すのか避難誘導を優先するのかという迷いがどうしても生じます。問題なのは延焼スピードで、素人目にはすぐ消せる

高齢者施設等における火災
消防法によって、建物の分類ごとに火災報知器の設置などの対応が細かく定められている。消防法におけるサ高住の取扱いについては、186ページ参照。

ように見えても、意外に火の手の拡大が大きくなることもあります。

そこで、発火の可能性が最も大きい場所（共有スペースのキッチンなど）にはスプリンクラーを設置、同時に延焼スピードを遅らせる建材などを用います。油汚れなど、延焼しやすい環境にならないよう、普段から掃除を徹底しておきます。

そのうえで、入居者の避難誘導を最優先に（入居者の身体状況などに応じた手の貸し方などにも配慮）。また、普段から地域との連携を強化し、火災報知器のベルがなったら、周辺住民の協力が得やすい体制を整えます。いずれにしろ、普段から「最悪の事態」を想定した準備をしておくことが必要です。

定期的な避難訓練とともに、常日頃の防火体制の確立を

入居者の避難誘導を優先するとなれば、サ高住全体で定期的に避難訓練を実施し、その際、入居者に対しても「いざという時」の避難経路などを周知しておきます。

課題として常に挙がるのは、各居室における「喫煙」です。入居に際して居室での禁煙を義務づけるケースが大半ですが、各居室に簡易型のスプリンクラーを設置することも考えるべきでしょう。夜間の人員配置を厚くする際の人件費でもそうですが、惨事を防ぐためのコストと経営負担のバランスをどのように考えるかは、サ高住開始前に最優先で検討しておくべき課題の1つといえます。

POINT

- **「地域の力」を借りることも大切な防災。普段から連携をとる努力を惜しまずに**
- **居室内喫煙の可否と居室単位でのスプリンクラー設置——リスクマネジメントの一環として検討を**

5-10

契約終了時のマネジメントは、入居時以上の配慮が必要

様々な事情によって入居者との契約終了にいたる場合、契約条項にのっとって粛々と進めることも大切ですが、それだけではサ高住運営としては足りない部分もあります。

サ高住は常に地域の目にさらされ、その評価が運営の行方を左右する事業です。契約終了に至った事情がどのようなものであれ、「契約を途中で終了して退去する」という状況に至った場合、「何か問題があるのでは？」という疑念が浮かぶのを避けることはできません。それゆえ、契約終了に際しては、入居時以上に当事者への配慮を欠かさないようにします。

本人死亡による契約終了後は、遺族へのアフターフォローも忘れずに

まず返還債務がある場合は、該当する金銭を「いつまでに、どのような形で支払うか」を再度口頭・書面で明らかにします。そのうえで、入居中に何らかの不満・不都合がなかったかについて、「今後の参考にする」という名目で聞き取りを行うようにします。

また入居者本人の死亡により契約終了に至ったときは、遺族への対応が課題となります。

生前の入居者の様子
生前の様子を伝えるにあたって、例えば、サ高住内で何らかのイベントがある場合には、できるだけ撮影して写真を残しておき、それを遺族に提供する方法もある。

■契約解除時のマネジメント

入居者本人に対して

❶返還金支払いのスケジュール・方法の伝達
（本人の希望も聞きつつ、速やかに対応）

❷入居中の不満・不都合についてアンケート
（その後の現場のシステム改善に活かす）

入居者死亡の場合

❶遺族に対して、上記❶❷の対応

❷入居者の生前の様子を撮影した写真等を進呈

❸期間をおき、落ち着いたころにお礼の手紙を送る

契約解除にかかる話し合いを進める中で、相続の対象となる返還債務について説明します（終身賃貸借契約の場合は、その説明も）。一方、**生前の入居者の様子**がどうであったかなどをきちんと伝えることも心がけましょう。

特に遠方に住む親族にとっては、普段、その人がどんな生活をしていたかを知りたがるものです。生前の元気な姿を見ることが、喪失感を癒す一助となることもあります。

さらに、契約解除にかかる事務的手続きがすべて終了した後、遺族に対して御礼の手紙などを出すという方法もあります。こうした手厚いアフターフォローが、巡り巡ってサ高住の評価を高める大きな力となるでしょう。

POINT

●本人存命時の契約解除に際しては、入居中の不満・不都合についてアンケート調査を

●本人死亡による契約解除に際しては、生前の写真等を提供。御礼の手紙等のフォローも

COLUMN

消防法におけるサ高住の取扱いについて

消防法施行令においては、それを適用する建物等が分類されています。サ高住については、消防法施行令の別表第一の５項のロ、もしくは６項のロまたはハが適用されます。

５項のロとは「寄宿舎、下宿または共同住宅」とされ、サービスが見守り・相談援助や各居室への訪問のみの場合がこれにあたります。一方、６項のロとは「特養ホームや主として要介護の者を入居させる有料ホームなど」、ハは「デイサービスやロ以外の有料ホームなど」となっています。この場合、共有スペースにおいて食事や介護などが提供されることが想定されます。

それぞれにう義務化されたかについては、以下の表のようになります。なお、平成27年４月１日施行の改正施行令により（平成30年３月31日まで経過措置あり）、例えば、６項のロに該当するサ高住において「自動火災報知機」と「消防機関へ通報する火災報知機」の作動を連動させるなどが義務づけられました。詳しくは最寄りの消防署などに相談し、指示をあおぐようにしましょう。

	防火管理者専任等	自動火災報知設備	スプリンクラー
５項のロ	収容人員50人以上の場合	延べ面積500㎡以上等（※１）	11階以上
６項のロ	収容人員10人以上の場合	全てのサ高住	原則として面積に関わらず全て（※2）
６項のハ	収容人員30人以上の場合	全てのサ高住	延べ面積6000㎡以上

※１…未設置の場合は、各住戸に住宅用火災警報器の設置が必要
※2…避難が困難な要介護者を主として入居させる場合（半数以上）

第6章

医療・介護サービスとの連携

6-1 医療・介護等の併設事業を行ううえでの留意点

サ高住に医療・介護等の社会保険事業等を併設する場合、特に心がけておきたいのは、地域全体を見すえた運営を行う点です。サ高住の入居者のみを対象にした「特定施設サービス」以外であれば当然のことですが、サ高住に併設しているという環境であるがゆえに、どうしても「入居者だけを見ていればいい」というビジョンが先に立ちがちです。

地域を見すえた事業展開は、様々な資源とネットワークを築きながら進められます。その結果、地域で今何が起こっているのか、どのような課題が潜んでいるのかを察知することができ、サ高住運営において欠かせないデータが取得できるわけです。

将来的な事業ビジョンを固めるための「アンテナ」機能

例えば、将来的に入居者を拡大する戦略がある場合、どのようなルートで、どのような状態像の入居者がやってくるのか——ネットワークが強固ならば、そのあたりの正確な情報が得られます。老健施設や病院の**地域医療連携室**などからの「入居者紹介」が増えていく傾向がある場合、どの程度のサービスニーズが主流となるのかがつかみやすくなります。

地域医療連携室
病床の在院日数が縮小される中、在宅での療養支援に向け、地域の医療・介護資源との連携をつかさどる。

持病の悪化リスク
持病の悪化による「痛み」や「だるさ」などが、入居者の生活の質を大きく左右することがある。

■併設事業が情報収集のアンテナに

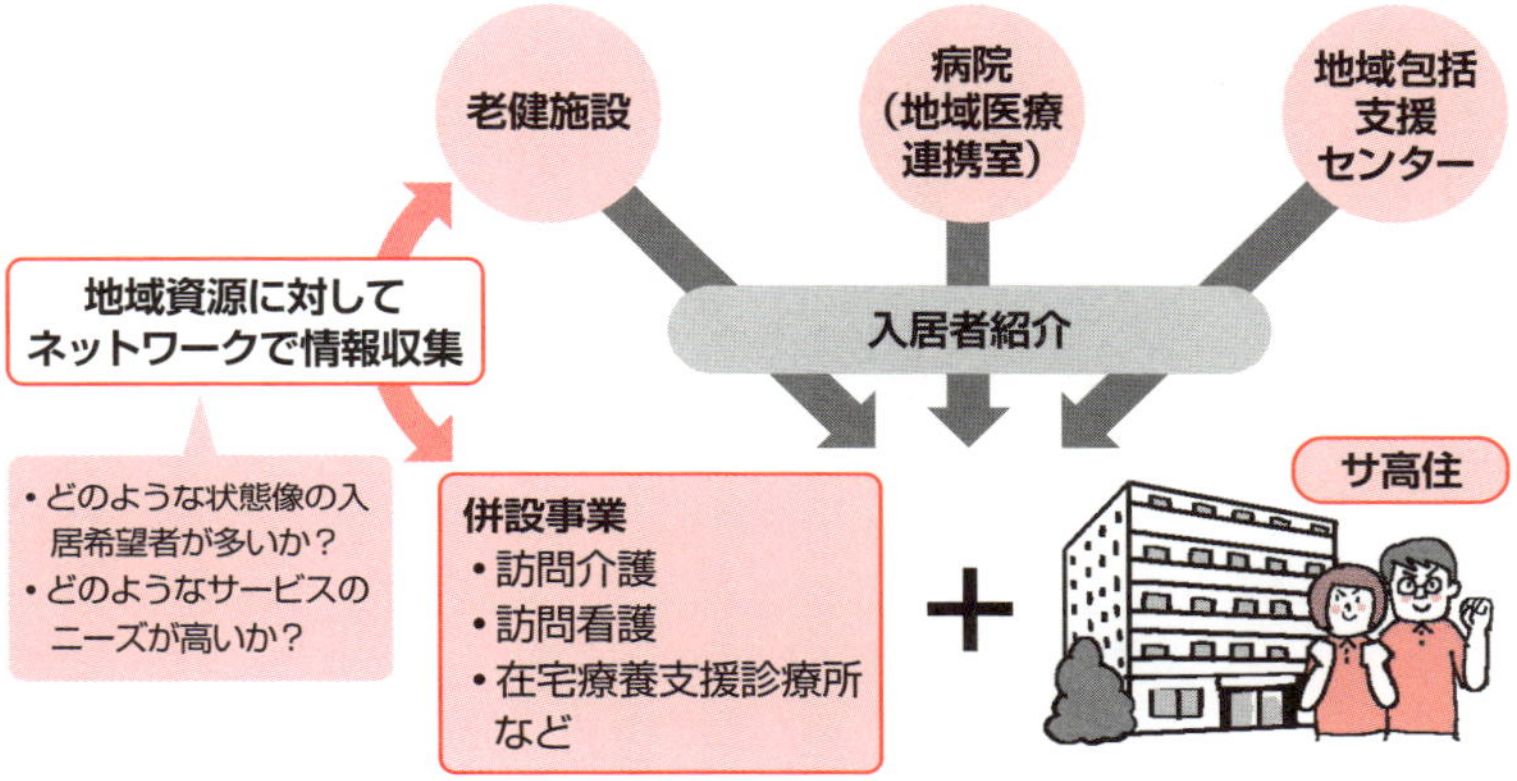

持病の悪化リスクが高かったり、運動機能の低下が著しいという人の受け入れについて、サ高住は消極的になりがちです。しかし、在宅における受け皿が乏しい中では、サ高住にとって高リスクの入居者の受け入れは避けられない時代がくるでしょう。

そうした際の問題は、入居者の状態像がつかみにくいゆえに、リスク管理が難しいという点です。それゆえに、正確な地域情報をつかめる環境にあるかどうかは、将来的な事業ビジョンを大きく左右することになります。

サ高住の併設事業は、地域に向けられたアンテナの役割も果たすのだということを、しっかり頭に入れておきましょう。

POINT

- **●併設事業を通じた地域資源ネットワークにより、将来的な入居者の状態像がつかめる**
- **●重度者等の受け入れに消極的では、サ高住の役割は果たせなくなる**

6-2 訪問系サービスを併設する場合の運営マネジメント

サ高住に併設される事業のうち、実施率が最も高くなると予測されるのが「**訪問系サービス**」です。

介護保険事業であれば、訪問介護、訪問看護、訪問リハビリなどが考えられます。医療系であれば、訪問診療に力を入れた在宅支援診療所の併設が挙げられます。

その他、配食や訪問介護だけではまかなえない家事援助など、社会保険の枠外による自主事業を展開する方法もあります。事業内容によっては、介護保険の地域支援事業や、自治体の一般財源による独自事業という形で、公的に委託を受けられる可能性もあります。

いずれにしても、安定的な事業運営を進めていくためには、地域ニーズをきちんと精査したうえで、自主事業者として発揮できるスキルを考えることが必要です。

軽度者に対しては、自主事業の展開も視野に入れる必要が

注意したいのは、医療保険、介護保険にかかわらず、入居者に対するサービスが中心となった場合に「移動」などにかかるコスト分について、報酬減算されるケースがあること

訪問系サービス
本文にある以外にも、薬局などを併設した場合、居宅療養管理指導サービスの一環として、薬剤師等が訪問しながらの服薬管理などを行う方法もある。

■訪問系サービスの候補

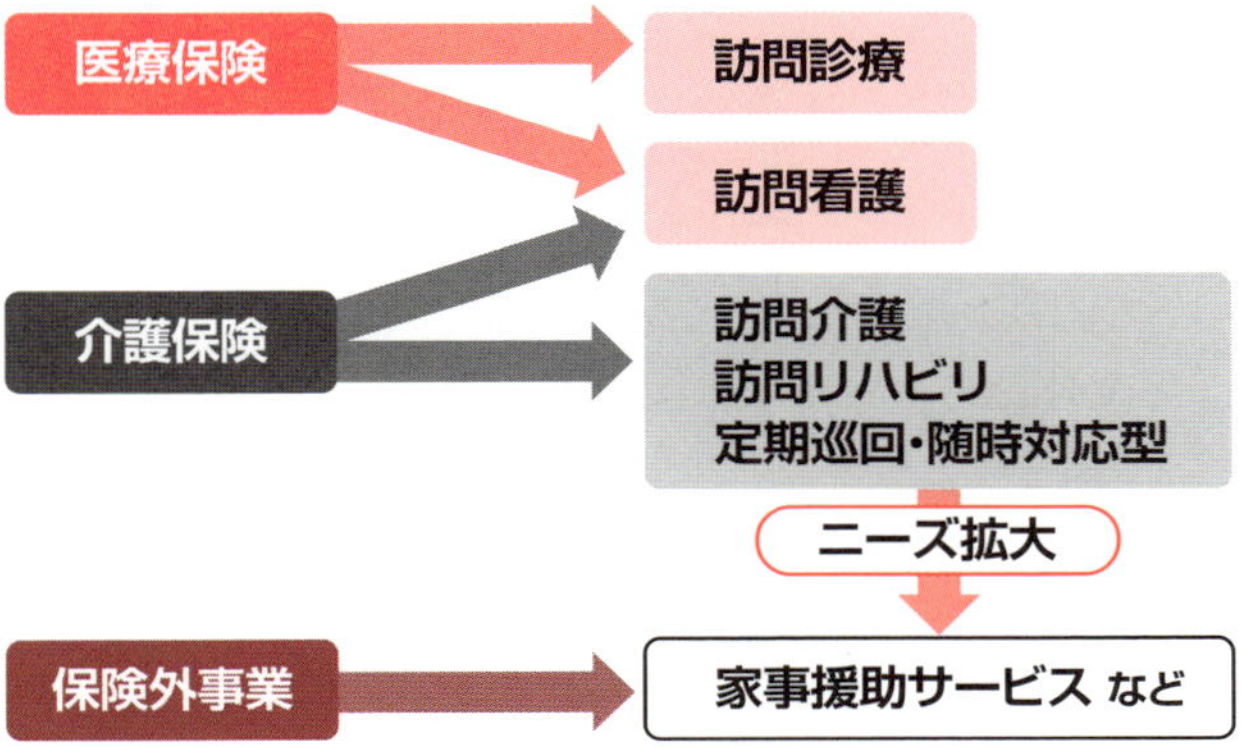

です。

例えば、介護報酬は3年ごとに改定されますが、さらに**減算がきつく**なって、スタート時の経営戦略が通用しなくなることも想定されます。特に、介護・診療報酬のダブル改定となる平成30年度に向けた動向には注意が必要です。

こうした点を考えたとき、保険外の自主事業などを組み合わせつつ、そのビジネスモデルを拡大することができるかどうかをシミュレーションしておくことが望まれます。

訪問介護でいえば、家事を援助する「生活援助」がサービスの中心となっている場合、①介護保険枠の縮小をにらんで「全額自費」による家事援助サービスの展開を企画しておく、あるいは、②サ高住に付帯する入居者向けサービスとしての「家事援助」を進めながら、その付加価値を高めていくことを視野に入れておく——というやり方があります。

減算がきつく
なかでも軽度者向け要介護2以下を想定した訪問介護などは、「将来的に介護保険から外されるのでは」という見方をする向きもある。

療養ケアニーズの拡大を想定した「情報流通」のあり方が課題

一方、重度者対応への準備をどう整えていくかも、今後は大きな課題です。

病院の在院日数がますます縮小し、老健施設の在宅復帰機能の強化が避けられない時代において、サ高住が療養ケアニーズの受け皿となる可能性も高まっています。そんな中で、医療法人などによる在宅療養支援診療所などを併設事業とした、サ高住も今後増えてくるでしょう。あるいは、訪問看護ステーションを併設し、地域の診療所などとも連携しながら、リスクの高い入居者を優先的に受け入れるパターンも目立ってくるはずです。

併設するのが介護系の事業者であっても、事情は同じです。地域の診療所や訪問看護との連携は避けられないケースが増え、入居者の状態像について病院のソーシャルワーカーや老健などとの情報共有を、高いレベルで進めなければならないケースも増えてきます。特に、ケアマネジメントを司る居宅介護支援事業所を併設する場合、退院・退所してくる入居者の**事前情報の収集**は、絶対に必要となってくるでしょう。

こうした状況下では、療養ケアにかかる地域ネットワークへの情報依頼をどういうしくみで行うのかは重要です。統一様式が整っているのか、個人情報の取扱いはどうするのか。また、入居者のためのカンファレンス機会などが増えるとして、居室や事業所内で「他職種が集まり、話し合える環境」が整っているのか。様々な課題を頭に入れたいものです。

事前情報の収集
こうした病院等との情報連携にかかる報酬加算も、平成24年度改定で強化された。平成28年度改定で退院支援にかかる機能も強化されている。

■重度者対応をどう図っていくか？

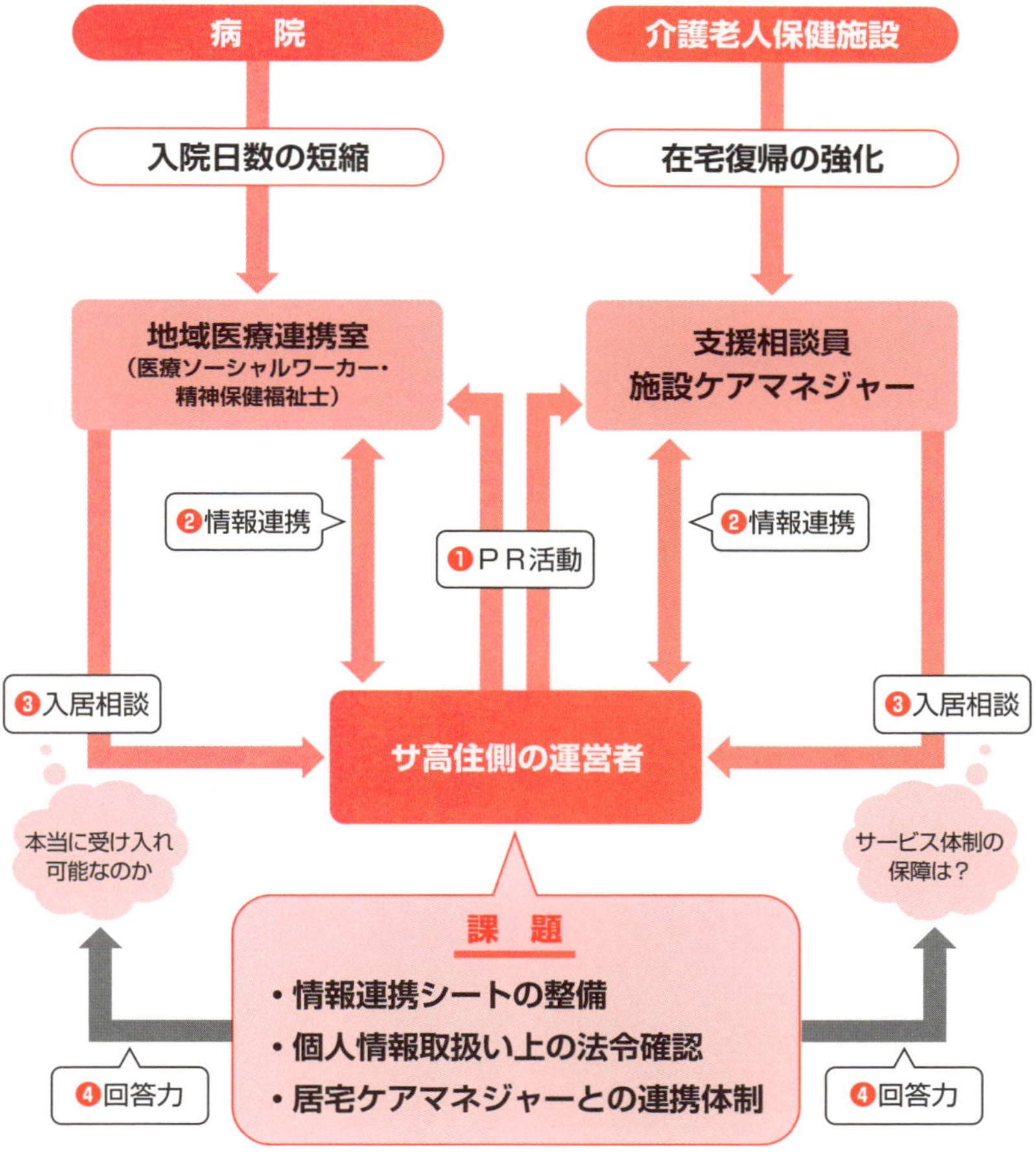

POINT

●介護保険外の「自費サービス」などに高い付加価値が出せるかどうかがポイントに

●療養ニーズ対応に際し、入居者の個人情報取扱い規定なども地域で共有を図る

6-3 定期巡回・随時対応型サービスを併設する場合のマネジメント

訪問系サービスの中で、今後サ高住運営と密接な関係をもってくるのが、平成24年度の介護保険制度改正で誕生した「定期巡回・随時対応型訪問介護看護」です。

このサービスも、平成27年度の介護報酬から「同一敷地内や・隣接するサ高住の入居者への提供」に際しては月あたり**600単位が減算**されることになりました。

国は、この新サービスを地域包括ケアの要と位置づけていますが、安定経営を進めていくためには右記のようなポイントも頭に入れる必要があります。また、定額報酬であるがゆえに、ほかの訪問サービス以上に効率性が重視されるわけですが、「効率」だけに縛られるとたちまち利用者との間であつれきが生まれやすいのも、同サービスの特徴です。

随時訪問ニーズの高い入居者にどう対応するかが大きなポイント

このサービスでは、定額制の中身として、利用者からの通報等による「随時対応」が組み込まれています。注意したいのは、すべての通報によって「**随時訪問**」を行うわけではなく、オペレーターの判断によって電話対応だけでも可としている点です。

600単位が減算
それ以前は、努力義務のみだったが今般改定された。なお、訪問介護・訪問看護などについては、所定単位数から10％の減算となる。

随時訪問
訪問看護による随時訪問を行う場合、緊急時訪問看護加算の届け出を行っていることが必要になる。

■併設事業への入居者の期待を把握する

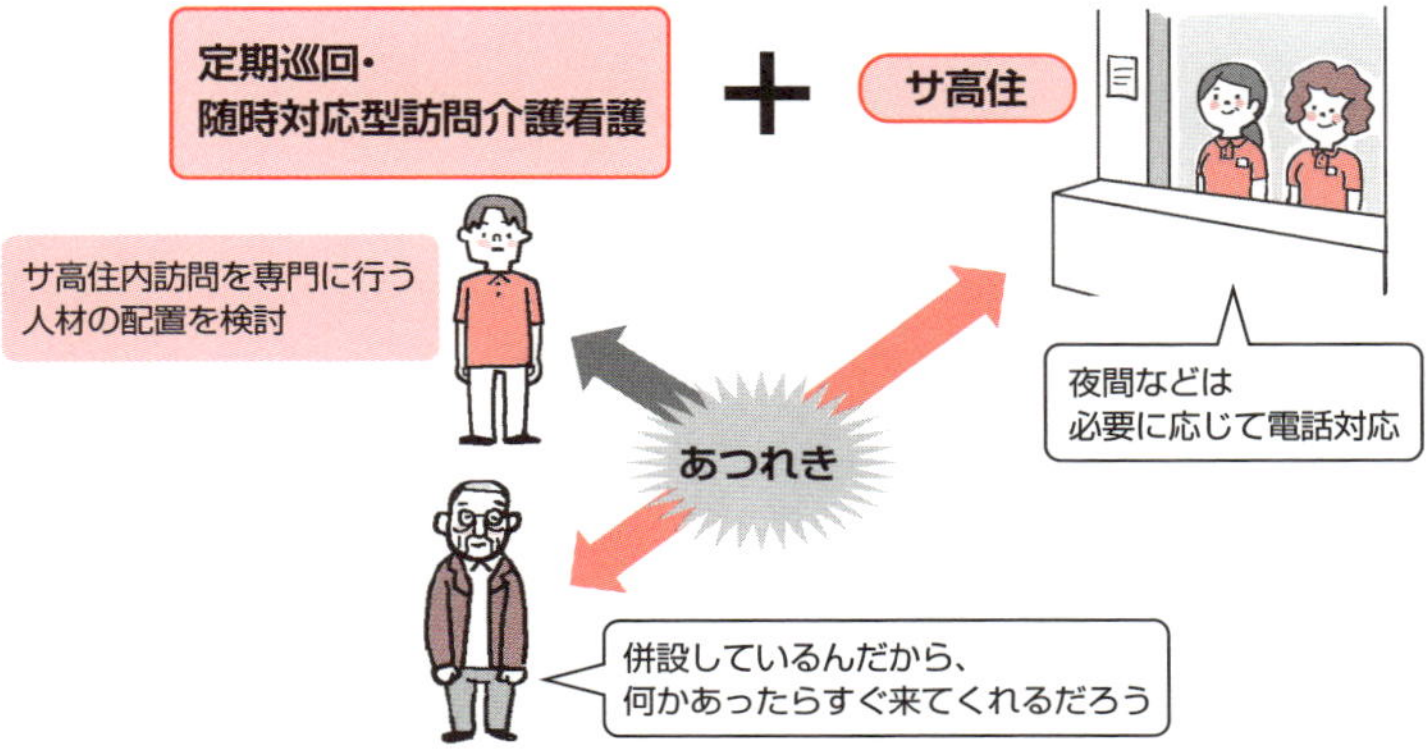

利用者としては、通報するからには「随時訪問」ニーズが高まっています。特に、サ高住の入居者にとっては、「事業所が併設されているのだから、夜間でもすぐに来てくれるはず」という思いが強くなるでしょう。

その際、夜間の訪問要員が限られていて、（夜間はオペレーター中心というケースなど）「即、訪問」という流れにならない場合、それが見えない不満となって蓄積しかねません。

となれば、通報が多くなる時間帯を事前にリサーチしつつ、建物内訪問を専門的に行う人材配置なども考える必要があります。

ここでもマネジメントが重視されるわけです。

POINT

●訪問効率だけに縛られると利用者との間にあつれきが生じやすいので注意したい

●夜間でも、建物内訪問を専門的に行う人材配置などをマネジメントするのがポイント

6-4 通所系サービスを併設する場合のマネジメント

サ高住に併設する事業所としては、訪問系のほか通所系サービスも考えられます。

介護保険事業でいえば、通所介護、認知症対応型通所介護、通所リハビリが挙げられます。通所ではありませんが、認知症対応ということでいえば、通いと訪問、泊まりを適宜組み合わせていく**小規模多機能型居宅介護**という事業選択肢も挙げられるでしょう。

こうした通所系サービスの場合、サ高住内のあるスペースに利用者を集め、機能訓練などを行うことになります。その分、訪問系の事業所に比べると広いスペースが必要になり、人員についても機能訓練を担当する専門職や相談員などの配置も求められます。

入居者とそれ以外の地域の利用者の比率がどうなるかがポイントに

通所系サービスの場合、利用者が入居者であるときは、その人にかかる介護報酬は送迎分（1日94単位・片道47単位）が減算されます。ただし、利用者が傷病等で自力歩行が難しいといったケースの場合は**例外扱い**とされます。

注意したいのは、通所リハビリの報酬において、「適切なマネジメントに基づき、短時

小規模多機能型居宅介護
平成18年度の介護保険法改正で誕生。認知症の人の状態像に合わせた随時対応を包括払いで提供する。なお、事業所と同一建物に居住する人へのサービスは、別報酬体系となる。

例外扱い
例外扱いとしてほかにも、サ高住において一時宿泊などの事業を行っている場合、「自宅⇒通所⇒一時宿泊」というケースも減算にならない。

間で効率的なサービスを提供する」という方向への政策誘導が強まっている点です。つまり、多様な利用者が入れ替わりで利用するケースが増えるわけで、利用者の延べ人数が増えてくれば、入居者とそれ以外の利用者の比率が変動しやすいことを頭に入れなければなりません。

ここで問題になるのは、利用者に入居者が増えてくる中で、送迎にかかる要員の配置調整が難しくなることです。入居者の通所リハビリのニーズなどを早めにつかみながら、どの程度の比率になるのかを正確にシミュレーションしておくことが必要でしょう。

より高度な人材マネジメントが必要になるのが、小規模多機能型居宅介護を行う場合です。認知症の人の状態像によって随時対応を図っていくとなれば、綿密な個別ケア計画を立てる中で、同時に人員配置のあり方を考えていかなければなりません。

一方で、こうしたマネジメントがきちんとできれば、認知症の人の周辺症状を大きく緩和する効果があることも事実です。今後、認知症ケアに対する介護報酬上の評価などは、さらに手厚くなることが想定されます。きちんとした実績を積むことで、認知症の人でも周辺症状を緩和しながらサ高住に住み続けることができる――これだけでも、サ高住ビジネスの幅を大きく広げていくことができるでしょう。

■通所系サービスの候補

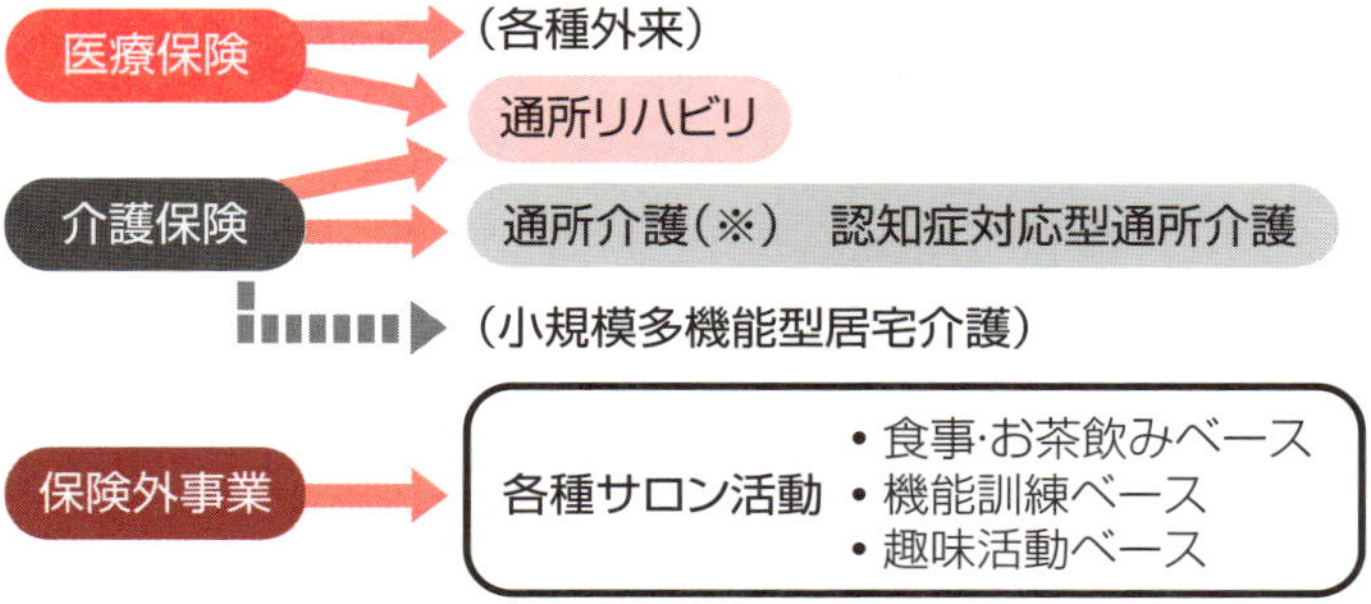

※平成28年度より小規模通所は地域密着型サービスへ移行

要介護者以外のニーズもくみ取った「売り」のあるサービスを

着目したいのは、要介護者以外でも機能訓練ニーズは高まっていることです。また、介護保険外のサロン活動などを実施することで、入居者が地域の多様な人々と交流を深めたいというニーズもあります。つまり、自主事業としての通所事業のあり方を幅広くとらえる中で、地域ニーズの充足を図っていくという事業ビジョンも求められます。なお、介護保険制度の改正で要支援1・2の人の予防訪問・通所介護は、市町村の事業へと順次移行することになった点も考慮する必要があります。

ただし、「場」さえ設ければ人が集まるというものではありません。やはり重要なのは、地域ニーズをしっかり把握しながら、その「場」における「売り」を明確に打ち出すことです。例えば、レストラン型デイサービスのように、食事のおいしさを売りにした「会員制レストラン」のようなしくみを考えてもいいでしょう。

その場合、しっかりした味づくりのできる調理担当者や、高齢者の健康に配慮したメニューアドバイスのできる栄養士などを配置することで付加価値を高める――そうした運営戦略が求められてきます。接客についても、介護現場の経験とホテルサービスなどの経験を兼ね備えた人材を確保することが、事業価値を上げるポイントにもなります。

POINT

- 併設サービスによる「効果」を上げていけば、サ高住ビジネスの幅も広がってくる
- 入居者以外の利用者にも強い付加価値を打ち出せることが、大きな成長につながるカギ

■通所系サービス併設のメリットと課題

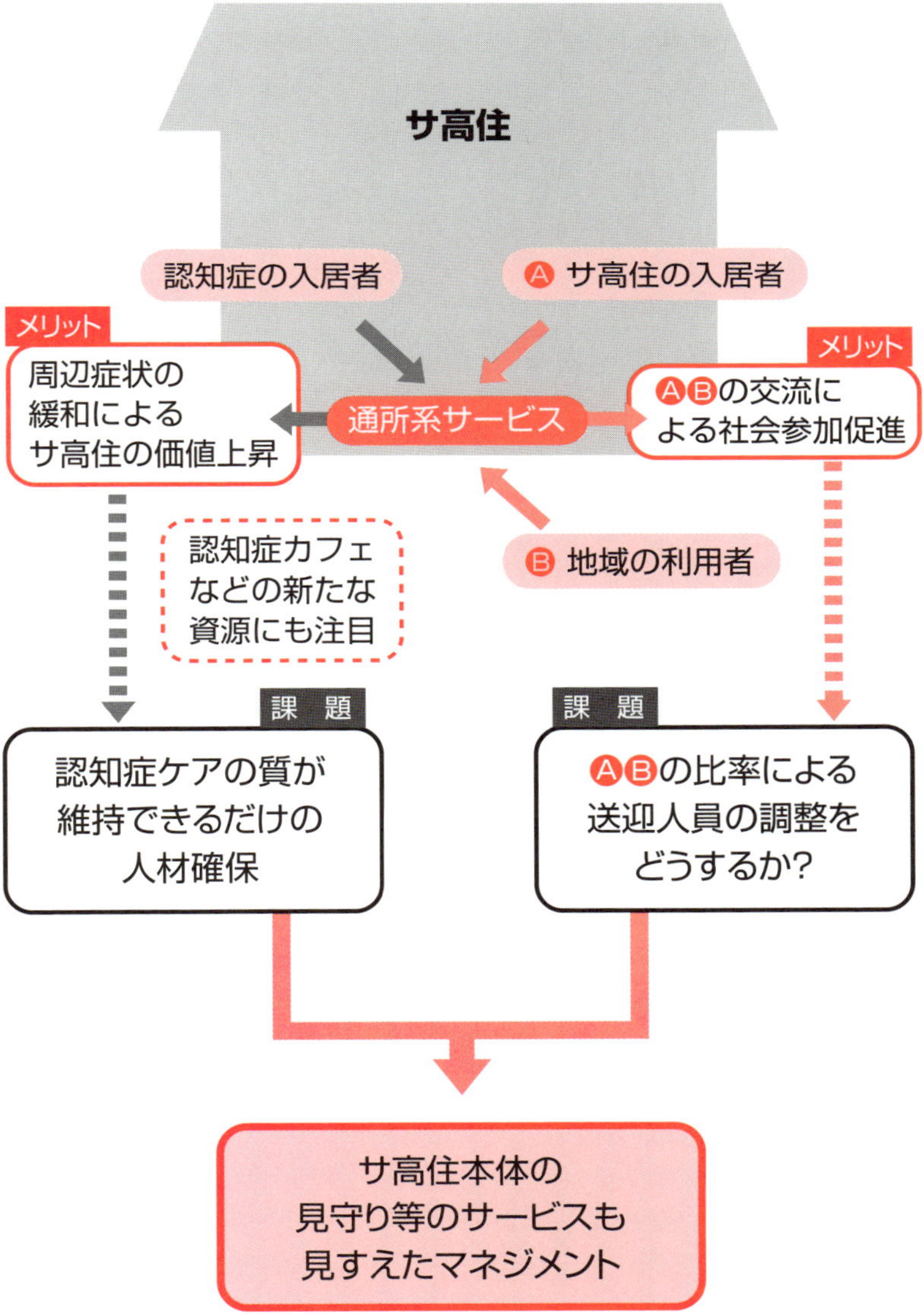

6-5 大きな付加価値を生む診療所併設への戦略

一般的な診療所併設の場合、入居者にとっては「通院しやすい」ことが大きなメリットとなります。診療所を基点とすることで、例えば看護師による健康管理サービスなども提供しやすくなり、サ高住運営を行ううえで、様々な付加価値も生み出しやすくなります。

そのうえで今後考えていきたいのは、地域包括ケアの要の1つとして強化が図られている「**在宅療養支援診療所**（以下、在支診）」でしょう。こちらは24時間の訪問診療・訪問看護ができる体制などが要件となっており、何らかの疾患を抱える入居者にとっては、「夜間を含めた24時間の安心」という極めて大きな付加価値を得ることが可能となります。

機能強化型の在宅療養支援診療所カテゴリーも誕生

平成24年度の診療報酬改定で、在支診に「**機能強化**」型が誕生しました。「所属する医師が3名以上」などハードルは高いのですが、複数の診療所が連携して要件を満たすことも可能で、地域の医療資源とのネットワーク構成がカギを握ります。

従来型の在支診と比較した場合、例えば夜間・休日の往診にかかる加算において200

在宅療養支援診療所
24時間の訪問診療体制などを確保しつつ、在宅療養の強化を目指した診療所。平成18年度に創設され、一般診療所よりも高い報酬設定がなされている。

■機能強化型在支診の施設基準

❶在療支の要件に以下をプラス
- 所属する常勤医師が3名以上
- 過去1年間の緊急の往診実績が10件以上
- 過去1年間の看取り実績等が4件以上

❷複数の医療機関が連携する場合
- 複数の機関が連携して①の要件を満たす
- 機関ごとに過去1年間の緊急往診実績4件以上
- 機関ごとに過去1年間の看取り実績2件以上

点（有床診療所では400点）アップしています。いきなり機能強化型を目指すのは難しいかもしれませんが、今後さらなる報酬増も期待できる中、在支診の実績を積んだうえで、段階的に目指すという戦略をとることもできるでしょう。

例えば、地域の医師会との情報交換などを続けていきながら、ネットワークが構築できるかをリサーチしていきたいものです。また、退院後の受け皿となる可能性の高い点から、拠点病院の地域医療連携室などとのパイプをつくっておくことも必要でしょう。

病院側は受け皿探しに苦労していますから、安定的に患者紹介を受けるという道を開くこともできます。

POINT
- ●24時間の訪問診療・看護を提供する「在支診」機能を整備することから始めたい
- ●拠点病院の地域医療連携室とのパイプも構築し、ネットワークのさらなる強化を

6-6 サ高住の病院化・施設化が進んでしまいがちな中で

サ高住に在支診を併設したり、定期巡回・随時対応型サービスを併設することで、入居者がいかに重篤化しても、「住居に住み続けることができる」というメリットがますます強化されます。脱病院・脱施設という流れが一段と強まる中では、サ高住に期待される価値はさらに高まるといっていいでしょう。

しかし一方で、今度はサ高住そのものが「**病院化**」「**施設化**」してしまう可能性が高まることも否定できません。入居者にとっては、24時間・３６５日の安心が確保できるという点ではありがたいのでしょうが、そこには落とし穴も潜んでいると見るべきでしょう。

サ高住はあくまで「住居」であり、生活の場です。24時間の療養を重視する中で、この「生活」が軽視されてしまったとき、様々な問題が浮かび上がってきます。

外出する場合、病院は「許可」。では、サ高住ではどうなる?

生活者であるなら、どんなに重い疾患を抱えていたり、身体機能が著しく低下している状態であっても、「自分のしたいように生きる」という思いがあります。そこに、療養を優

病院化・施設化
今後、医療法人等が、退院・退所後の受け皿としてサ高住運営に着手するケースが増えると想定される。その際、サ高住が第二の病院・施設と位置づけられてしまう可能性も否定できない。

■24時間365日のサービス提供が可能な中で……

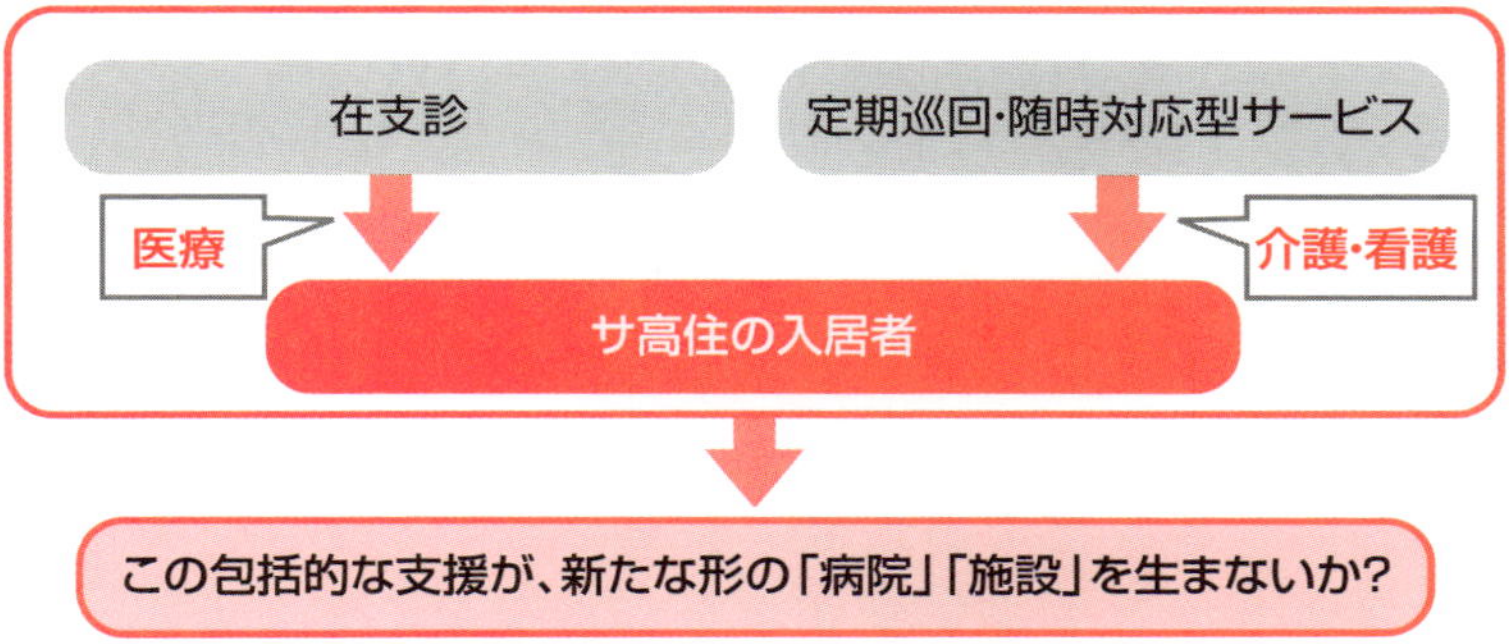

先した管理の発想が入ってしまっては、入居者にとっての「生活」の価値が奪われてしまうことになりかねません。この点は十分に注意したいところです。

例えば、「どこかに旅行したい」というニーズがある場合、病院であれば外泊許可が必要です。外泊中の生活について、病院側から指導が入ることもあるでしょう。

しかし、自宅であれば、通院診療や訪問診療を受けていたとしても、その旨を医療機関等に伝えたうえで**自由に出かける**ことができます。

ところが、別居する親族などにしてみれば、「何かあった場合のサ高住側の管理体制はどうなっているのか」という疑念を抱くケースもあります。つまり、生活の場という理念について、本人はもちろん、親族側との間で十分な意思疎通がとれていないと、たちまちサ高住側の責任が問われることになります。それを避けたいがゆえに、管理体制を強化していくとなれば、サ高住の病院化・施設化はますます進むことになるでしょう。

自由に出かける
もちろん、出かけるに際して医療機関側のアドバイスはあるだろうが、あくまで自己責任・自由意思の尊重が前面に出されるはずである。

社会的な評価
社会やユーザーのニーズに応えていくというのは事業の基本だが、求められるままに多様化していくと既存の施設の単なる代替となりかねない。

サ高住側の「生活の場」を築くことについての意識と理念が十分に整っていなければ、管理に流れやすくなってしまうのは必然といえます。それは長い目で見たとき、「サ高住とは何か」という**社会的な評価**の揺らぎにもつながりかねません。

「見守り・サポート」と「管理」の境界をどこに置くかがポイント

そこで心得ておきたいのは、①事業者として「入居者の生活の場」という理念を重視している、②入居者から求められるサービスは提供するが押し付けるものではない、という点について、入居者そして親族と事前にしっかり話し合う場をもつことです。

同時に、いつでも幅広い相談を受け付けるという相談員の資質を向上させ、「本人の自由意思」と「困りごとの解決」というバランスを高いレベルで実現することが必要です。いざというときの親族への緊急連絡体制もしっかり整えておくことも求められます。

管理という点では、「居室のカギの管理」をどうするかという課題も浮上します。事業者としては、マスターキーは保管するとして、どういうときにそれを使って居室に入るのか——このあたりも事前の取り決めを文書などで取り交わしておきたいものです。

昨今、高齢者の孤立死が社会問題となり、地域の見守り体制が問われています。しかし、「見守り」と「管理」は同義ではない——これがサ高住にとっての生命線といえます。

POINT

- **入居者の重篤化が進む中で、「生活の場」という軸をぶらさないことがサ高住の課題**
- **相談員の資質向上や親族との連携強化など、生活の場を保障するしくみに力を注ぐ**

■入居者の「生活の場」を尊重するために

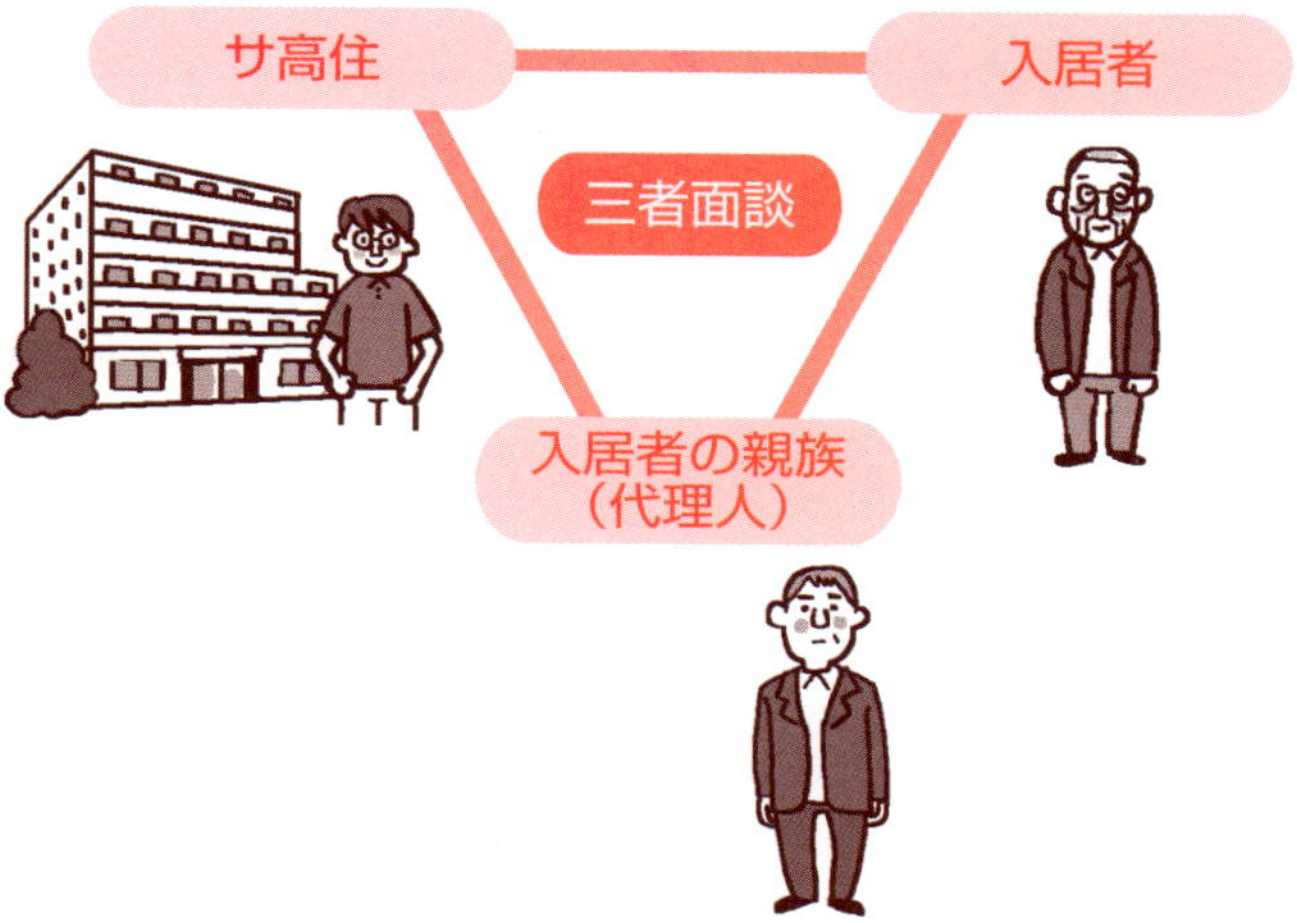

三者面談のポイント

❶三者面談を行ったうえで、以下の事項を確認する

- どのようなときにサービスを提供するか？
- 入居者の居室の鍵はどのように管理するか？
- 緊急避難的に入居者の行動を制限する必要がある場合とはどのようなケースか？

❷上記のような話し合いに参加する相談員のスキルを向上させる

❸三者面談の内容を書面化する様式を用意する

COLUMN

入居者同士のトラブルにどう対処するか？

サ高住として、最も対処が難しい課題の１つが、「入居者同士」の様々なトラブルです。サロンや食堂でのいさかいに始まり、夜間に大音量でテレビをつけているなど、居室においてのトラブルも生じることを想定しなければなりません。

契約に際して、近隣への迷惑行為などを退去要件にすることは可能ですが、そのラインをどこに引くのかという点はなかなか難しいものがあります。例えば、テレビの音量の場合、本人に難聴があって自然に音が大きくなる、そして、隣室の人は小さな音でも神経質になる気質である――高齢の入居者の場合、こうした状況は決して稀有なものではなく、こうした状況での不満が積み重なって大きなトラブルになることもあります。

こうした状況を防ぐうえでの「特効薬」はなかなかありません。ある高齢者住宅では、近隣との関係で「不満をためがちな入居者」に対し、「上階の眺めがよいフロアに移られませんか」と居室誘導を促したりするケースもあるといいます。

ただし、こうした「特別扱い」は、ほかの入居者との不公平感を生む危険もあります。やはり、毎日の安否確認などで、近隣への不満がないかどうかをチェックし、不満を抱きがちな入居者の場合、「孤立感」という別のマイナス心理の現れであるという視点で掘り下げを行うことも必要です。

つまり、ほかの入居者と一緒のサークル活動に誘うなどして孤立感を和らげれば、不満も収まる可能性があるわけです。このあたりはＰＤＣＡサイクル（116ページ参照）を駆使しつつ改善を進めましょう。

巻末資料

- 入居契約書の例
- 準ずるバリアフリー基準告示
- サービス付き高齢者向け住宅登録窓口一覧

巻末資料は最終ページより掲載しています。最終ページから順にご覧ください。

巻末資料

巻末資料は本ページから掲載しています。

入居契約書の例

入居契約書は、頭書き＋契約書＋解説で構成されます（第1章　35～36ページ参照）。ここでは、普通建物賃貸借契約・毎月払いの場合の頭書きと契約書の例を示します。また、契約書内の別表および一部を割愛、省略しています。

頭　書　き

出所：『サービス付き高齢者向け住宅情報提供システム』内の「サービス付き高齢者向け住宅の参考とすべき入居契約書」（http://www.satsuki-jutaku.jp/system.html）をもとに作成

（1）賃貸借の目的物

建物の名称・所在地等	名　称				
	所在地				
	建て方	共同建 長屋建 一戸建 その他	構　造	木　造 非木造(　　)	工事完了年
				階建	年 ［大規模修繕を (　　　　)年 実　施］
			戸　数	戸	
住戸部分	住戸番号	号室	間取り	(　　　)LDK・DK・K／ワンルーム／	
	面　　積	㎡(それ以外に、バルコニー＿＿＿＿㎡)			
	設備等	加齢対応構造等	有		
		台所	有・無		
		トイレ	専用(水洗)		
		収納設備	有・無		
		洗面設備	有・無		
		浴室	有・無		
		シャワー	有・無		
		洗濯機置場	有・無		
		給湯設備	有(IH・ガス)・無		
		ガスコンロ・電気コンロ・IH調理器	有・無		
		冷暖房設備	有・無		
		緊急通報設備	有・無		

		安否確認設備	有・無
		備え付け照明設備	有・無
		オートロック	有・無
		地デジ対応・CATV対応	有・無
		インターネット対応	有・無
		メールボックス	有・無
		宅配ボックス	有・無
		鍵	有・無 （鍵No.　　　・　　　本）
		使用可能電気容量	（　　　　）アンペア
		ガス	有（都市ガス・プロパンガス）・無
		上水道	水道本管より直結・受水槽・井戸水
		下水道	有（公共下水道・浄化槽）・無
共用部分	設備等	談話室	有（　　　　）m²・無
		台所	有（　　　　）m²・無
		食堂	有（　　　　）m²・無
		収納設備	有（　　　　）m²・無
		共同浴場	有（　　　　）m²・無
		緊急通報設備	有（設置場所：　　　　）・無
附属施設		駐車場	含む・含まない 台分（位置番号：　　　）
		物置	含む・含まない
		専用庭	含む・含まない

（2）契約期間

始　期 （入居予定日）	年　　月　　日から	年　　月間
終　期	年　　月　　日まで	

（3）賃料等

賃料の支払い方法	額	支払期限
毎月払い	円	当月分・翌月分を毎月　　日まで
共　益　費	額	支払期限
	円	当月分・翌月分を毎月　　日まで
敷　金	賃料の　　　か月相当分　　　　　円	
支払い方法（該当する□にチェック）	□ 振込方式　振込先金融機関名： 預金：　普通　・　当座 口座番号： 口座名義人： 振込手数料負担者：貸主・借主	
	□ 口座自動振替方式	
	□ 支払委託方式（収納会社名：　　　　）	
	□ 持参方式（持参先：　　　　）	

（4）状況把握・生活相談サービスの内容等

サービス内容	●状況把握サービス （　　　　） （　　　　） （　　　　） ●生活相談サービス （　　　　） （　　　　） （　　　　）		
サービスの提供方法	常駐する者および時間帯	名	時　～　　時
	常駐する者の不在時の対応および時間帯	（システム名）	時　～　　時
サービス料金の支払い方法	額	支払期限	
毎月払い	円 （うち消費税　　円）	当月分・翌月分を毎月　　日まで	

<table>
<tr><td rowspan="4">支払い方法
(該当する□に
チェック)</td><td>□ 振込方式　振込先金融機関名:
預金:　普通　・　当座
口座番号:
口座名義人:
振込手数料負担者:貸主・借主</td></tr>
<tr><td>□ 口座自動振替方式</td></tr>
<tr><td>□ 支払委託方式(収納会社名:　　　　　　　　　　)</td></tr>
<tr><td>□ 持参方式(持参先:　　　　　　　　　　)</td></tr>
<tr><td>サービス
受託事業者名</td><td>事業者名:
所在地:〒
電話番号:　　　　　　　　ＦＡＸ:
代表者名:
受託事業内容:</td></tr>
</table>

※サービス受託事業者が複数存在する場合には、上記の「サービス受託事業者名」欄を適宜追加するとともに、各事業者がどのサービスを請け負っているかを記載すること。

(5)貸主および管理業者

〈略〉

- 貸主の社名・代表者名と住所・電話番号、サービス付き高齢者向け住宅の登録番号を記載する。
- 管理業者の社名・代表者名と住所・電話番号、賃貸住宅管理業者登録番号を記載する。

※貸主と建物の所有者が異なる場合は、建物の所有者の名前と住所、電話番号も記載する

(6)借主および同居人

〈略〉

- 借主の氏名・生年月日と、同尻人の氏名・生年月日・借主との続柄を記載する。

※殘置物引取人を定める場合は、殘置物引取人の氏名・住所・㊉話番號・借主との続柄を記載する。

※緊急連絡先となる者を定める場合は、緊急連絡先となる者の氏名・住所・㊉話番號・借主との続柄を記載する。

契約書

出所：『サービス付き高齢者向け住宅情報提供システム』内の「サービス付き高齢者向け住宅の参考とすべき入居契約書」(http://www.satsuki-jutaku.jp/system.html) をもとに作成

第１条（契約の締結）

１　貸主（以下「甲」という。）及び借主（以下「乙」という。）は、頭書（１）に記載する賃貸借の目的物（以下「本物件」という。）及び頭書（４）に記載する状況把握・生活相談サービスの内容等について、以下の条項により、高齢者の居住の安定確保に関する法律（以下「法」という。）第５条第１項に規定するサービス付き高齢者向け住宅で状況把握・生活相談サービスが提供されるものに係る賃貸借契約（以下「本契約」という。）を締結した。

２　建物の賃貸借が終了した場合には、状況把握・生活相談サービスの提供も終了するものとする。

３　状況把握・生活相談サービスの提供が終了した場合には、建物の賃貸借も終了するものとする。ただし、乙の責によらない事由により状況把握・生活相談サービスの提供が終了した場合には、乙は、建物の賃貸借の継続又は終了のいずれかを選択することができる。

第２条（契約期間、更新等）

１　契約期間は、頭書（２）に記載するとおりとする。

２　乙は、物件が完成しているなど、入居可能な状態になっていることを前提として、契約期間の始期（入居予定日）に入居することとする。ただし、契約締結後における乙の急な入院などやむを得ない理由があるときは、甲の同意を得て契約期間の始期（入居予定日）を延期することができる。

３　甲及び乙は、協議の上、本契約を更新することができる。その際、建物の賃貸借契約を更新した場合には、状況把握・生活相談サービスの提供契約も更新することとする。

第３条（使用目的）

乙は、居住のみを目的として本物件を使用しなければならない。

第４条（賃料）

１　乙は、頭書（３）の記載に従い、賃料を甲に支払わなければならない。

２　１か月に満たない期間の賃料は、１か月を30日として日割計算した額とする。

３　甲及び乙は、次の各号のいずれかに該当する場合には、協議の上、賃料を改定することができる。

　一　土地又は建物に対する租税その他の負担の増減により賃料が不相当と

なった場合

二　土地又は建物の価格の上昇又は低下その他の経済事情の変動により賃料が不相当となった場合

三　近傍同種の建物の賃料に比較して賃料が不相当となった場合

第5条（共益費）

1　乙は、階段、廊下等の共用部分の維持管理に必要な光熱費、上下水道使用料、清掃費等（以下この条において「維持管理費」という。）に充てるため、共益費を甲に支払うものとする。

2　前項の共益費は、頭書（3）の記載に従い、支払わなければならない。

3　1か月に満たない期間の共益費は、1か月を30日として日割計算した額とする。

4　甲及び乙は、維持管理費の増減により共益費が不相当となったときは、協議の上、共益費を改定することができる。

第6条（敷金）

1　乙は、本契約から生じる債務の担保として、頭書（3）に記載する敷金を甲に預け入れるものとする。

2　乙は、本物件を明け渡すまでの間、敷金をもって賃料、共益費その他の債務と相殺をすることができない。

3　甲は、本物件の明渡しがあったときは、遅滞なく、敷金の全額を無利息で乙に返還しなければならない。ただし、甲は、本物件の明渡し時に、賃料及び共益費の滞納、第15条に規定する原状回復に要する費用の未払いその他の本契約（建物の賃貸借に係る部分に限る。）から生じる乙の債務の不履行が存在する場合には、当該債務の額を敷金から差し引くことができる。

4　前項ただし書の場合には、甲は、敷金から差し引く債務の額の内訳を乙に明示しなければならない。

第7条（状況把握・生活相談サービスの内容、料金等）

1　甲は、乙に対し、乙が安全かつ安心して主体的に生活できる住まいの充実を図ることができるよう、状況把握・生活相談サービスを提供し、乙は、状況把握・生活相談サービスの提供の対価として状況把握・生活相談サービス料金を甲に支払うこととする。

2　甲は、乙に対し、頭書（4）の状況把握・生活相談サービスを提供する。

3　乙は、頭書（4）の記載に従い、状況把握・生活相談サービス料金を甲に支払わなければならない。

4　1か月に満たない期間の状況把握・生活相談サービス料金は、1か月を30

日として日割計算した額とする。

5　甲及び乙は、消費者物価指数、雇用情勢その他の経済事情の変動により状況把握・生活相談サービス料金が不相当となった場合には、協議の上、状況把握・生活相談サービス料金を変更することができる。〈以下、略〉

第8条（反社会的勢力の排除）

甲及び乙は、それぞれ相手方に対し、次の各号の事項を確約する。

一　自らが、暴力団、暴力団関係企業、総会屋若しくはこれらに準ずる者又はその構成員（以下総称して「反社会的勢力」という。）ではないこと。〈以下、略〉

第9条（禁止又は制限される行為）

1　乙は、本物件の全部又は一部につき、賃借権を譲渡し、又は転貸してはならない。

2　乙は、甲の書面による承諾を得ることなく、本物件の増築、改築、移転、改造若しくは模様替又は本物件の敷地内における工作物の設置を行ってはならない。〈以下、略〉

第10条（契約期間中の修繕）

1　甲は、乙が本物件を使用するために必要な修繕を行わなければならない。この場合において、乙の故意又は過失により必要となった修繕に要する費用は、乙が負担しなければならない。

2　前項の規定に基づき甲が修繕を行う場合は、甲は、あらかじめ、その旨を乙に通知しなければならない。この場合においては、乙は、正当な理由がある場合を除き、当該修繕の実施を拒否することができない。

3　乙は、甲の承諾を得ることなく、別表第4に掲げる修繕を自らの負担において行うことができる。

第11条（契約の解除）

1　甲は、乙が次に掲げる義務に違反した場合において、甲が相当の期間を定めて当該義務の履行を催告したにもかかわらず、その期間内に当該義務が履行されないときは、本契約を解除することができる。

一　第4条第1項に規定する賃料支払義務

二　第5条第2項に規定する共益費支払義務

三　第7条第3項に規定する状況把握・生活相談サービス料金支払義務

四　前条第1項後段に規定する費用負担義務

2　甲は、乙が次に掲げる義務に違反した場合において、甲が相当の期間を定

めて当該義務の履行を催告したにもかかわらず、その期間内に当該義務が履行されずに当該義務違反により本契約を継続することが困難であると認められるに至ったときは、本契約を解除することができる。

一　第３条に規定する本物件の使用目的遵守義務

二　第９条各項に規定する義務（同条第３項に規定する義務のうち、別表第１第六号から第八号までに掲げる行為に係るものを除く。）

三　その他本契約書に規定する乙の義務

3　甲は、乙が年齢を偽って入居資格を有すると誤認させるなどの不正の行為によって本物件に入居したときは、本契約を解除することができる。〈以下、略〉

第12条（乙からの解約）

1　乙は、甲に対して少なくとも30日前に解約の申入れを行うことにより、本契約を解約することができる。

2　前項の規定にかかわらず、乙は、解約申入れの日から30日分の賃料及び状況把握・生活相談サービス料金（本契約の解約後の賃料相当額及び状況把握・生活相談サービス料金相当額を含む。）を甲に支払うことにより、解約申入れの日から起算して30日を経過する日までの間、随時に本契約を解約することができる。

第13条（契約の消滅）

本契約は、天災、地変、火災その他甲乙双方の責めに帰さない事由により本物件が滅失した場合には、当然に消滅する。

第14条（明渡し）

1　乙は、本契約が終了する日までに（第11条の規定に基づき本契約が解除された場合にあっては、直ちに）本物件を明け渡さなければならない。

2　乙は、前項の明渡しをするときには、明渡し日を事前に甲に通知しなければならない。

第15条（明渡し時の原状回復）

1　乙は、通常の使用に伴い生じた本物件の損耗を除き、本物件を原状回復しなければならない。

2　甲及び乙は、本物件の明渡し時において、契約時に特約を定めた場合は当該特約を含め、別表第５の規定に基づき乙が行う原状回復の内容及び方法について協議するものとする。

第16条（残置物の引取り等）

1　乙は、本契約が終了した場合において乙が残置物を引き取ることができない又は困難であるときに備えて、あらかじめ、当該残置物の引取人（以下この条において「残置物引取人」という。）を定めることができる。
2　残置物引取人に支障が生じた場合にあっては、乙は、甲に対し、直ちにその旨を通知しなければならない。この場合においては、乙は、甲の承認を得て、新たな残置物引取人を定めることができる。〈以下、略〉

第17条（立入り）

1　甲は、本物件の防火、本物件の構造の保全その他の本物件の管理上特に必要があるときは、あらかじめ乙の承諾を得て、本物件内に立ち入ることができる。
2　乙は、正当な理由がある場合を除き、前項の規定に基づく甲の立入りを拒否することはできない。
3　本契約終了後において本物件を賃借しようとする者又は本物件を譲り受けようとする者が下見をするときは、甲及び下見をする者は、あらかじめ乙の承諾を得て、本物件内に立ち入ることができる。〈以下、略〉

第18条（債務の保証）

連帯保証人は、乙と連帯して、本契約から生じる乙の債務を負担するものとする。

第19条（緊急連絡先の指定）

1　乙は、乙の病気、死亡等に備えて、甲からの連絡、相談等に応じ、適切な対応を行う者として、緊急連絡先となる者を定めることができる。〈以下、略〉

第20条（協議）

甲及び乙は、本契約書に定めがない事項及び本契約書の条項の解釈について疑義が生じた場合は、民法、借地借家法その他の法令及び慣行に従い、誠意をもって協議し、解決するものとする。

第21条（特約条項）

第20条までの規定以外に、本契約の特約については、下記のとおりとする。（以下、特約条項を記す）

準ずるバリアフリー基準告示

国土交通省・厚生労働省関係高齢者の居住の安定確保に関する法律施行規則第10条第5号の国土交通大臣及び厚生労働大臣の定める基準（平成23年10月7日厚生労働省・国土交通省告示第2号）
最終改正：平成23年10月7日

1　住宅の専用部分に係る基準

（1）段差

日常生活空間（高齢者の利用を想定する一の主たる便所、浴室、玄関、脱衣室、洗面所、寝室（以下「特定寝室」という。）、食事室、特定寝室の存する階（接地階（地上階のうち最も低い位置に存する階をいう。）を除く。）にあるバルコニー又は特定寝室の存する階にあるすべての居室及びこれらを結ぶ一の主たる経路をいう。以下同じ。）内の床が、段差のない構造（５mm以下の段差が生じるものを含む。以下同じ。）であること。ただし、次に掲げるものにあっては、この限りでない。

イ　玄関の出入口の段差
ロ　玄関の上がりかまちの段差
ハ　勝手口その他屋外に面する開口部（玄関を除く。）の出入口及び上がりかまちの段差
ニ　バルコニーの出入口の段差
ホ　浴室の出入口の段差
ヘ　室内又は室の部分の床とその他の部分の床との高低差が90mm以上ある段差

（2）階段

住戸内の階段の各部の寸法が、次に掲げる基準に適合していること。ただし、ホームエレベーターが設けられている場合にあっては、この限りでない。

イ　勾配が21分の22以下であり、けあげの寸法の２倍と踏面の寸法の和が550mm以上650mm以下であり、かつ、踏面の寸法が195mm以上であること。
ロ　蹴込みが30mm以下であること。
ハ　イに掲げる各部の寸法は、回り階段の部分においては、踏面の狭い方の端から300mmの位置における寸法とすること。ただし、次のいずれかに該当する部分にあっては、イの規定のうち各部の寸法に関するものは適用しないものとする。
①90度屈曲部分が下階の床から上３段以内で構成され、かつ、その踏面の狭い方の形状が全て30度以上となる回り階段の部分
②90度屈曲部分が踊場から上３段以内で構成され、かつ、その踏面の狭い方の形状が全て30度以上となる回り階段の部分
③180度屈曲部分が４段で構成され、かつ、その踏面の狭い方の形状が下から60度、30度、30度及び60度の順となる回り階段の部分

（3）手すり

イ　手すりが、次の表の空間の項に掲げる場所ごとに、それぞれ手すりの設置の基準の項に掲げる基準に適合していること。ただし、便所、浴室、玄関及び脱衣

室にあっては、日常生活空間内に存するものに限る。

空　間	手すりの設置の基準
階　段	少なくとも片側（勾配が45度を超える場合にあっては両側）に設けられていること。ただし、ホームエレベーターが設けられている場合にあっては、この限りでない
便　所	立ち座りのためのものが設けられていること
浴　室	浴槽出入りのためのもの又は浴室内での姿勢保持のためのものが設けられていること
玄　関	上がりかまち部の昇降や靴の着脱のためのものが設置できるようになっていること
脱衣所	衣服の着脱のためのものが設置できるようになっていること

ロ　転落防止のための手すりが、次の表の空間の項に掲げる場所ごとに、それぞれ手すりの設置の基準の項に掲げる基準に適合していること。ただし、外部の地面、床等からの高さが１メートル以下の範囲にあるものその他転落のおそれのないものに設置されている手すりについては、この限りでない。

空　間	手すりの設置の基準
バルコニー	①腰壁その他足がかりとなるおそれのある部分（以下「腰壁等」という。）の高さが650mm以上1,100mm未満の場合にあっては、床面から1,100mm以上の高さに達するように設けられていること。 ②腰壁等の高さが300mm以上650mm未満の場合にあっては、腰壁等から800mm以上の高さに達するように設けられていること。 ③腰壁等の高さが300mm未満の場合にあっては、床面から1,100mm以上の高さに達するように設けられていること。

ハ　転落防止のための手すりの手すり子であって、床面、腰壁等又は窓台その他足がかりとなるおそれのある部分（以下「窓台等」という。）（腰壁等又は窓台等にあっては、その高さが650mm未満のものに限る。）からの高さが800mm以内の部分に存するものの相互の間隔が、内法寸法で110mm以下であること。

（４）部屋の配置

日常生活空間のうち、便所及び特定寝室が同一階に配置されていること。

２　住宅の共用部分に係る基準

（１）共用廊下

住戸から建物出入口、共用施設、他住戸その他の日常的に利用する空間に至る少なくとも一の経路上に存する共用廊下が、次に掲げる基準に適合していること。

イ　共用廊下が、次に掲げる基準に適合していること。

①次のいずれかに該当すること。

a　共用廊下の床が、段差のない構造であること。

b　共用廊下の床に高低差が生じる場合にあっては、次に掲げる基準に適合していること。

(ⅰ)勾配が12分の１以下（高低差が80mm以下の場合にあっては、８分の１以下）の傾斜路が設けられている、又は当該傾斜路及び段が併設されていること。

(ⅱ)段が設けられている場合にあっては、当該段が（2）イに掲げる基準に適合していること。

②手すりが共用廊下（次のａ及びｂに掲げる部分を除く。）の少なくとも片側に設けられていること。

a　住戸その他の室の出入口、交差する動線がある部分その他やむを得ず手すりを設けることのできない部分

b　エントランスホールその他手すりに沿って通行することが動線を著しく延長させる部分

ロ　直接外部に開放されている共用廊下（１階に存するものを除く。）が、次に掲げる基準に適合していること。

①転落防止のための手すりが、腰壁等の高さが650mm以上1,100mm未満の場合にあっては床面から1,100mm以上の高さに、腰壁等の高さが650mm未満の場合にあっては腰壁等から1,100mm以上の高さに設けられていること。

②転落防止のための手すりの手すり子であって、床面又は腰壁等（その高さが650mm未満のものに限る。）からの高さが800mm以内の部分に存するものの相互の間隔が、内法寸法で110mm以下であること。

（2）主たる共用の階段

次に掲げる基準に適合していること。

イ　次に掲げる基準（住戸のある階においてエレベーターを利用できる場合にあっては、③及び④に掲げるものに限る。）に適合していること。

①踏面が240mm以上であり、かつ、けあげの寸法の２倍と踏面の寸法の和が550mm以上650mm以下であること。

②蹴込みが30mm以下であること。

③最上段の通路等への食い込み部分及び最下段の通路等への突出部分が設けられていないこと。

④手すりが、少なくとも片側に設けられていること。

ロ　直接外部に開放されている主たる共用の階段にあっては、次に掲げる基準に適合していること。ただし、その高さが１メートル以下の部分については、この限りでない。

①転落防止のための手すりが、腰壁等の高さが650mm以上1,100mm未満の場合にあっては踏面の先端から1,100mm以上の高さに、腰壁等の高さが650mm未満の場合にあっては腰壁等から1,100mm以上の高さに設けられていること。

②転落防止のための手すりの手すり子であって、踏面の先端又は腰壁等（その高さが650mm未満のものに限る。）からの高さが800mm以内の部分に存するものの相互の間隔が、内法寸法で110mm以下であること。

おもなサービス付き高齢者向け住宅登録窓口

	自治体	担当部署・機関	電話番号
北海道	北海道	NPO法人シーズネット	011-708-8567
	札幌市	NPO法人シーズネット	011-708-8567
	函館市	都市建設部　住宅課	0138-21-3385
	旭川市	建築部　建築総務課住宅政策係	0166-25-9708
東北	青森県	県土整備部　建築住宅課	017-734-9695
	青森市	都市整備部　住宅まちづくり課	017-734-5576
	岩手県	県土整備部　建築住宅課	019-629-5933
	盛岡市	建設部　建築住宅課	019-626-7533
	宮城県	土木部　住宅課	022-211-3256
	仙台市	都市整備局住宅政策部　住宅政策課	022-214-8330
	秋田県	建設部　建築住宅課	018-860-2561
	秋田市	都市整備部　住宅整備課	018-866-5770
	山形県	(山形市)村山総合支庁建設部　建築課	023-621-8287
		(新庄市)最上総合支庁建設部　建築課	0233-29-1420
		(米沢市)置賜総合支庁建設部　建築課	0238-26-6091
		(三川町)庄内総合支庁建設部　建築課	0235-66-5639
	福島県	県北建設事務所　建築住宅部　建築住宅課	024-521-9358
		県中建設事務所　建築住宅部　建築住宅課	024-935-1462
		県南建設事務所　建築住宅部　建築住宅課	0248-23-1636
		会津若松建設事務所　建築住宅部　建築住宅課	0242-29-5461
	郡山市	建設交通部　住宅課	024-924-2631
	いわき市	都市建設部　住まい政策課	0246-22-1178
関東	茨城県	土木部都市局　住宅課	029-301-4759
	栃木県	県土整備部　住宅課	028-623-2484
	宇都宮市	都市整備部　住宅課	028-632-2735
	群馬県	県土整備部　住宅政策課	027-226-3717
	前橋市	建設部　建築住宅課	027-224-1111
	高崎市	建設部　建築住宅課	027-321-1324
	埼玉県	都市整備部　住宅課	048-830-5562
	さいたま市	建設局建築部　住宅政策課	048-829-1518

	自治体	担当部署・機関	電話番号
関東	川越市	建設部　建築住宅課	049-224-6049
	千葉県	県土整備部都市整備局　住宅課	043-223-3231
	千葉市	都市局建築部　住宅政策課	043-245-5809
	船橋市	建設局建築部　住宅政策課	047-436-2712
	柏市	都市部　住宅政策課	04-7167-1147
	東京都	公益財団法人 東京都福祉保健財団 事業者支援部運営支援室	03-3344-8637
	八王子市	まちなみ整備部　住宅政策課	042-620-7385
	神奈川県	社団法人 かながわ住まい・まちづくり協会事業課	045-664-6896
	横浜市		
	川崎市		
	相模原市		
	横須賀市		
甲信越	新潟県	土木部都市局　建築住宅課	025-280-5442
	新潟市	建築部　住環境政策課	025-226-2813
	山梨県	県土整備部　建築住宅課	055-223-1730
	長野市	建設部　住宅課	026-224-5424
北陸	富山県	土木部　建築住宅課	076-444-3359
	富山市	都市整備部　居住対策課	076-443-2112
	石川県	土木部　建築住宅課	076-225-1777
	金沢市	都市整備局定住促進部　住宅政策課	076-220-2136
	福井県	土木部　建築住宅課	0776-20-0506
東海	岐阜県	都市建築部　住宅課	058-272-1111
	大垣市	都市計画部　住宅課	0584-81-4111
	多治見市	都市計画部　都市政策課	0572-22-1111
	関市	建設部　都市計画課	0575-22-3131
	瑞浪市	建設水道部　都市計画課	0572-68-2111
	各務原市	各務原市都市建設部　建築指導課	058-383-1111
	飛騨市	基盤整備部　都市整備課	0577-73-0153
	養老町	住民福祉部　健康福祉課	0584-32-1105
	揖斐川町	産業建設部　建設課	0585-22-2111
	岐阜市	まちづくり推進部　まちづくり推進政策課	058-265-4141

	自治体	担当部署・機関	電話番号
東海	静岡県	くらし・環境部建築住宅局　住まいづくり課	054-221-3081
	静岡市	都市局建築部　住宅政策課	054-221-1590
	浜松市	都市整備部　住宅課	053-457-2455
	愛知県	建設部建築局　住宅計画課	052-954-6568
	名古屋市	住宅都市局住宅部　住宅企画課	052-972-2944
	豊橋市	建設部　住宅課	0532-51-2604
	岡崎市	建築部　住宅課	0564-23-6880
	豊田市	都市整備部　建築住宅課	0565-34-6728
	三重県	公益財団法人 三重県建設技術センター 建築部　建築審査課	059-229-5613
近畿	滋賀県	土木交通部　住宅課	077-528-4235
	大津市	都市計画部　住宅課	077-528-2786
	京都府	建設交通部　住宅課	075-414-5361
	京都市	都市計画局住宅室　住宅政策課	075-222-3666
	大阪府	住宅まちづくり部　都市居住課	06-6210-9711
	大阪市	都市整備局企画部　住宅政策課	06-6208-9228
	堺市	建築都市局住宅部　住宅まちづくり課	072-228-8215
	豊中市	都市計画推進部　住宅課	06-6858-2741
	高槻市	都市創造部　住宅課	072-674-7525
	東大阪市	建設局建築部　住宅政策室	06-4309-3232
	兵庫県	公益財団法人　兵庫県住宅建築総合センター 建築防災課	078-252-3982
	神戸市	住宅都市局住宅部　住宅政策課	078-322-5575
	姫路市	都市局まちづくり推進部　住宅課	079-221-2642
	尼崎市	都市整備局住宅政策部　住宅・住まいづくり支 援課	06-6489-6608
	西宮市	都市局都市計画部　すまいづくり推進課	0798-35-3761
	奈良県	県土マネジメント部まちづくり推進局 住まいまちづくり課	0742-27-7540
	奈良市	市民生活部　住宅課	0742-34-5174
	和歌山県	県土整備部都市住宅局　建築住宅課	073-441-3184
	和歌山市	建設局住宅部　住宅政策課	073-435-1099
中国	鳥取県	生活環境部くらしの安心局　住まいまちづくり課	0857-26-7408
	島根県	土木部　建築住宅課	0852-22-5628

	自治体	担当部署・機関	電話番号
中国	岡山県	土木部都市局　住宅課	086-226-7527
	岡山市	都市整備局　住宅課	086-803-1466
	倉敷市	建設局建築部　住宅課	086-426-3531
	広島県	土木建築局　住宅課	082-513-4164
	広島市	都市整備局住宅部　住宅政策課	082-504-2291
	福山市	建設局建築部　住宅課	084-928-1102
	山口県	土木建築部　住宅課	083-933-3883
	下関市	都市整備部　まちなみ住環境整備課	083-231-1941
四国	徳島県	県土整備部　住宅課	088-621-2593
	香川県	土木部　住宅課	087-832-3584
	高松市	都市整備局　住宅課	087-839-2541
	愛媛県	東予地方局建設部　建築指導課	0897-56-0361
		中予地方局建設部　建築指導課	089-909-8778
		南予地方局建設部　建築指導課	0895-23-2987
	松山市	都市整備部　住宅課	089-948-6934
	高知県	土木部　住宅課	088-823-9862
	高知市	都市建設部　住宅政策課	088-823-9463
九州	福岡県	建築都市部　住宅計画課	092-643-3731
	北九州市	建築都市局住宅部　住宅計画課	093-582-2592
	福岡市	住宅都市局住宅部　住宅計画課	092-711-4279
	久留米市	都市建設部　住宅政策課	0942-30-9139
	佐賀県	県土整備部　建築住宅課	0952-25-7165
	長崎県	土木部　住宅課	095-894-3108
	長崎市	まちづくり部　住宅課	095-829-1189
	熊本県	一般財団法人 熊本県建築住宅センター	096-385-0771
	大分県	土木建築部　建築住宅課	097-506-4677
	大分市	土木建築部　住宅課	097-537-5634
	宮崎県	県土整備部　建築住宅課	0985-26-7196
	宮崎市	建設部　住宅課	0985-21-1804
	鹿児島県	土木部　建築課	099-286-3738
	鹿児島市	建設局建築部　住宅課	099-216-1363
	沖縄県	土木建築部　住宅課	098-866-2418

出所：『サービス付き高齢者向け住宅情報提供システム』内の「地方公共団体ごとの問い合わせ先」（http://www.satsuki-jutaku.jp/inquiry_list.html）をもとに作成

■著者紹介

田中 元（たなか・はじめ）

昭和37年群馬県出身。介護福祉ジャーナリスト。立教大学法学部卒業。出版社勤務後、雑誌・書籍の編集業務を経てフリーに。主に高齢者の自立・介護等をテーマとした取材、執筆、ラジオ・テレビ出演、講演等の活動を精力的におこなっている。『おはよう21』『ケアマネジャー』（中央法規出版）などで取材・執筆をおこなうほか、著書に『スタッフに辞める！と言わせない介護現場マネジメント』『安心で納得できる老後の住まい・施設の選び方』（自由国民社）、『図解　2015年介護保険“大転換”で「現場の仕事」はこう変わる！』（ぱる出版）、『現場で使えるサービス提供責任者便利帖』（翔泳社）、など多数。

［新版］サービス付き高齢者向け住宅開設・運営ガイド

発行　2016年12月14日　初版第１刷発行

著　者　田中　元
発行者　伊藤　滋
発行所　株式会社自由国民社
〒171-0033　東京都豊島区高田3-10-11
TEL　03（6233）0781（営業部）
TEL　03（6233）0786（編集部）
http://www.jiyu.co.jp/
印刷所　大日本印刷株式会社
製本所　新風製本株式会社

編集　ループス プロダクション
本文DTP　勝矢国弘・米山雄基・佐々木佑樹
本文イラスト　植木美江
カバーデザイン　熊谷英博